张爱玲的闺房

陶方宣　著

中国社会出版社
国家一级出版社★全国百佳图书出版单位

图书在版编目（CIP）数据

张爱玲的闺房/陶方宣著．—北京：中国社会出版社，2014.9

ISBN 978－7－5087－4811－5

Ⅰ.①张…　Ⅱ.①陶…　Ⅲ.①张爱玲（1920～1995）—传记　Ⅳ.①K825.6

中国版本图书馆 CIP 数据核字（2014）第 160783 号

书　　名：张爱玲的闺房
著　　者：陶方宣
责任编辑：杜　康

出版发行：中国社会出版社　**邮政编码：**100032
通联方法：北京市西城区二龙路甲 33 号
电　话：编辑部：（010）66032739
邮购部：（010）66081078
销售部：（010）66080300　（010）66085300
（010）66083600
传　真：（010）66051713　（010）66080880
网　　址：www.shcbs.com.cn
经　　销：全国各地新华书店

印刷装订：中国电影出版社印刷厂
开　　本：170mm×230mm　1/16
印　　张：16.5
字　　数：180 千字
版　　次：2014 年 9 月第 1 版
印　　次：2014 年 9 月第 1 次印刷
定　　价：35.00 元

序

残阳孤照张爱玲

陶方宣

写下“张爱玲”三个字，仿佛一缕残阳斜斜照过来，落在暗黄的朵云轩纸页上，上面印着张爱玲陈年旧照，民国的老照片满目荒凉，用张爱玲自己的话说：“是朵云轩信上的一滴泪，陈旧而迷糊。”

上海常德路 195 号：张爱玲故居

回想起多年前在老家芜湖，星期天常常在镜湖边闲逛，小城小巧而精致，金马门的泥鳅面，双桐巷的炒面皮，还有翠明园的落叶以及中江塔的涛声都让人怀念。那时候步行街还没建，文化宫也没有拆。某一天，在文化宫对面与“张爱玲”偶然相逢：那是一个小小的书摊，在一棵梧桐树下，一套印刷粗糙的四卷本《张爱玲全集》被我发现。此后 15 年来，它再没有离开过我，从南京到芜湖，从西安到上海，它是我枕旁必备，和我一起度过细雨如麻的黄昏和月光如水的长夜——作家的神奇也就在这儿，我从没有见过张爱玲，她去世已快20年，她不可能想象多年以后在中国南方一座小城，一个普通读者为她痴狂，这个人后来又来到她生活过的城市上海。我与她隔着一片巨大辽阔的时空，但我在不经意间打开《金锁记》或《沉香屑》，一下子就走入张爱玲的精神世界。她其实并没有死，她在书中复活，她潜移默化影响了我，肯定还要影响后代许许多多的人，只要你具有一些基本的素质，只要你在不经意间打开她的书。

张爱玲居住最久的公寓：常德公寓，就是老上海时代的爱丁顿公寓，当红时代的张爱玲居住于此

写张爱玲都在午夜时分，午夜的上海也是醒着的，我感到张爱玲就在头顶上方注视着我——这一刻我是如此喜欢她，理解她，甚至她说过的一些话从前我也说过，比如“人生在世，没有哪个人心灵不是千疮百孔”。比如“在没有人与人交往的场合，我充满生命的欢欣”。当然，我喜欢的不仅仅是她的作品，我更喜爱她背后新文化运动风起云涌、风云际会的新气象，喜欢她身后当年那个与伦敦、巴黎、纽约同样开放、包容、平起平坐的东方大都会——上海。用我的兄长、《雨花》杂志副主编唐炳良先生的话说，张爱玲背后有一种莽莽苍苍的东西。这句话说到我心里，传世的大作家从来都是这样，他背后一定有一种莽莽苍苍，那就是丰富，那就是博大，从苏东坡到曹雪芹，从徐志摩到白先勇，从法国文学到俄罗斯文学无不如此。真正的大作家不是个人偶然的职业选择，应该是整个文化、时代和家族、命运机缘巧合而又必然地选择了他，选择了他手中这支笔，要他用笔来代言。当然你凭着一些才情和努力也可能会成为一个作家，但那是单薄的，很难储存进入民族的文化记忆。记得为此我曾写过一篇文章，叫《浮出海面的岛屿》，文章发表后，很多报刊曾发表文章反驳或赞同我的观点，到现在我还不改初衷，真正的文化大家，是一个民族一片地域的代表，一定要有文明遗脉和文化承传。

张爱玲无疑就是这样的大家，在遍访了张家遍布上海的所有老宅后，我更加确信这一点。张爱玲是学不来的，张爱玲是模仿不了的，她的横空出世是命，命中注定上海滩要出现这样的文学异类，那样包容大气的氛围，那样华洋杂交的文化，肯定要有一个代表人物来呈现那一个庞杂的时代，那一段交融的文明。张爱玲的世界就是民国世界，山河浩荡气象万千，像张爱玲这个人，太丰富太强大，从来没有哪个作家像她这样有说不完的话题、写不尽的角度，李鸿章、张佩纶、黄翼升、孙宝琦四大家族撑在她的身后，给她一派莽莽苍苍的大家景象。民国世界又是一个繁花万千的大舞台，她的一生都在表演，她知道她是天才，她知道她死后会有无数人研究她，写她的传记，所以她的衣着、她的做派，包括她的爱情，都是经过精心设计，如同她在上海或香港编写的那些电影。后来，她不演了，她的戏演完了，她卸了妆，她着手安排了自己的死亡。她活着是那么独特，她的死一定要独特，她最终完成了她的人生传奇。

这是一个传奇的女人，在人世，她满目荒凉，残阳下山坠入千古暗夜。在文坛，她喷薄而出旭日东升。

目录
CONTENTS

第一章　贵　族

我没赶上看见他们，所以跟他们的关系仅只是属于彼此，一种沉默的无条件的支持，看似无用，无效，却是我最需要的。他们只静静地躺在我的血液里，等我死的时候再死一次。

第二章　色　戒

如果情感和岁月也能被轻轻撕碎，扔到海中。那么，我愿意从此就在海底沉默。你的言语，我爱听，却不懂得。我的沉默，你愿见，却不明白。

第三章　海　派

上海人是传统的中国人加上近代高压生活的磨炼，新旧文化种种畸形产物的交流，结果也许是不甚健康的，但是这里有一种奇异的智慧。

第四章　旗　袍

现在要紧的是人，旗袍的作用不外乎烘云托月忠实地将人体轮廓曲曲勾出。革命前的装束却反之，人属次要，单只注重诗意的线条，于是女人的体格公式化，不脱衣服，不知道她与她有什么不同。

第五章　闺　蜜

生活的艺术，有一部分我不是不能领略。我懂得怎么看《七月巧云》，听苏格兰兵吹 bagpipe（风笛），享受微风中的藤椅，吃盐水花生，欣赏雨夜的霓虹灯，从双层公共汽车上伸出手摘树巅的绿叶。

第一章/贵族

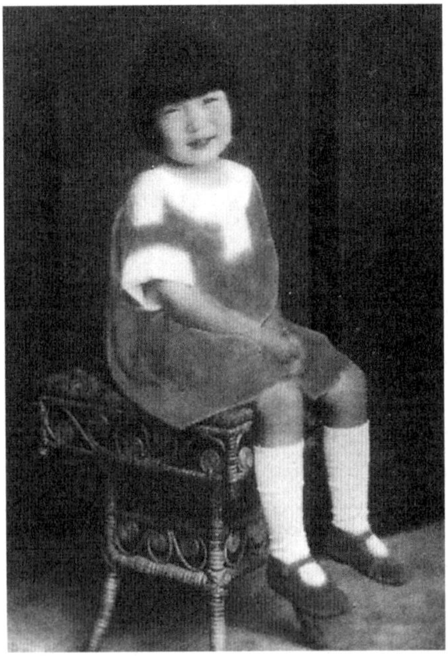

我没赶上看见他们，所以跟他们的关系仅只是属于彼此，一种沉默的无条件的支持，看似无用，无效，却是我最需要的。他们只静静地躺在我的血液里，等我死的时候再死一次。

——张爱玲

张爱玲出错，齐家坨不是七家坨

张爱玲在《对照记》中说："我祖父出身于河北的一个荒村七家坨，比三家村只多四家村，但是后来张家也可以算是个大族了。世代耕读，他又是个穷京官，就靠我祖母那一份嫁妆。他死过两个太太一个儿子，就剩一个次子，已经大了，给他娶的亲也是合肥人，大概是希望她跟晚婆婆合得来。"在这里张爱玲有一处错误，据我在河北唐山市丰润县（今丰润区）黑山沟村的直觉，张爱玲所说的七家坨应该是齐家坨——理由是张爱玲并没有到过齐家坨，在女佣口口相传中，她误将"齐"读成"七"，并且还想当然地认为"比三家村只多四家村"。对于家族的历史，她后来只有仇恨没有热爱。可是在很小的时候，她和弟弟张子静会本能地打探自己的来路，自己的血脉所依。

关于张佩纶的故事最早是张子静在一本曾朴写的《孽海花》小说中看到，张爱玲放学回家，弟弟神秘兮兮告诉她：祖父叫张佩纶——两个人晚饭也不吃，颠来倒去地看那本《孽海花》，张爱玲猛然想起，曾朴这个人是作家，似乎与家里来往颇多，家里的电话号码簿上，排在最前头的名字就是"曾朴"二字。据说张佩纶打了败仗，顶着一只铜盆逃跑，曾朴在书中写道："他才思敏捷，自视甚高，恃才傲物，因而在官场得罪了不少人，弄得中年罢了官，抑郁而终……"

几句话就概括了张佩纶的一生，事实当然并非如此简单。要说

河北唐山市丰润区黑山沟村村口，此地为张爱玲祖居地齐家坨村

清张佩纶，必须从他父亲印塘大人说起，说清张印塘与张佩纶，也就说清了张爱玲的家族渊源。史界一向有“中华张氏出清河”之说，清河县也在河北，丰润县也在河北。丰润一向以文化昌明、人才辈出而著称，民间也有“北丰润、南无锡”之说。张佩纶的父亲张印塘在丰润可是一个响当当的人物：清嘉庆时中举人，后来又中进士，历任浙江建德、海宁、桐庐知县，杭州府知府，安徽按察使等职。他为官清廉，两袖清风，颇得民心，后来就任安徽按察使期间与李鸿章相识。当时李鸿章回乡间办团练，曾得到按察使张印塘大人的大力支持，两人共同镇压太平军，可称世交。李鸿章后来回忆：“方江淮鼎沸，独君（张印塘）与鸿章率千百羸卒，崎岖于扰攘之际，君每自东关往来庐州，辙过予里舍，或分道转战，卒相遇矢石间，往往并马论兵，意气投合，相互激励劳苦。余谓古所传坚忍负重者，君殆其人。”咸丰四年（1854 年）闰七月，天气特别热，张印塘在与太平天国石达开作战时，病逝于徽州舟中。当时张佩纶才 5 岁，李鸿章看到莫逆之交的幼子跪在棺材前不停地哭泣，一时泪如雨下。他亲自掏钱让毛夫人带着张佩纶抚棺回老家安葬——老家就在丰润，当时叫齐家坨村。

张佩纶墓地一片荒凉

后来张佩纶在自己撰写的《通议大夫安徽按察使张府君墓志铭》中记载道："明永乐二年（1404 年）始祖讳德贤自山东海丰（今无棣县）迁县西南齐家坨，谱系中阙。"而《张氏家乘》又载："前明永乐二年，我始祖敬公为奕世之祖，自山西洪洞来海丰，家与码头村居焉。"张印塘中进士后来浙江赴任，在桐庐做知县时，英国舰艇时时在海面游弋，伺机进犯。张印塘组织军民挖战壕修堤防严阵以待，多年的严防死守锻炼了他的用兵能力，当时他能做到的就是组织民间武装进行团练，这是他与后来善办团练的李鸿章一拍即合的感情基础。几年后宁波陷落，整个浙江沿海人心浮动、大为惊恐。张印塘有两万团练在手并不害怕，他的势力也大大壮了当时浙江巡抚刘韵珂的胆。《清史稿》有记载："巡抚刘韵珂荐其能，宣宗召对，询夷务。退复召入陈海防要害，谕勿跪，时称异数焉。"张印塘德才兼备，很快提升为杭州府知府。到任不久正值大汛，张印塘临危受命，组织四府力量共同赈灾。他彻夜不眠蹚在洪水中与灾民一道共患难，倾其所有筹集口粮，感动了当地地主、商贾，他们有钱出钱有力出力，安然度过百年难遇的大洪灾，死亡者极少，"全活者数十万”，受到杭州百姓的交口称赞。不久，太平天国起兵，张印塘调到云南任按察使，途经安徽时却被当地民众强行留下，结果就任安徽按察使，与李鸿章一起在江南一带浴血奋战，最终以身殉职。他的牌位留在杭州府名宦祠，遗体却被送归北方那个遥远的至今仍然荒凉偏僻的小山村。

词锋可畏，是后起的文雄

有其父必有其子，长大成人后的张佩纶与父亲一模一样：先中举人后中进士，虽官居高位，却两袖清风，甚至常常吃稀饭维生。据曾朴在《孽海花》中所述：“在太和殿大考，一挥而就，首先交卷。不日放榜，名列榜首。”当时京中对他的评议是“词锋可畏，是后起的文雄”“才大心细，有胆有勇，可以担当大事”。他授了翰林院侍讲学士后，章洪钧登门道贺，家中却没有米煮一锅干饭待客，只得叫仆人拿袍子去典当，顺路买些米和菜回来做饭。当时在华的美国大使杨约翰说：“在华所见大臣，忠清无气习者惟佩纶一人。”

张佩纶虽然“言多谐谑”，但是生性秉直，喜爱诗酒酬和，洁身自好又曲高和寡，这些毛病对年轻的张佩纶仕途不利。后期的张佩纶“用世”过深，有意疏懒诗而勤于谏，最终从诗人转型为谏臣，由此孕育并推动了清廷重要的政治派别“清流派”的形成与发展。在这个巨大转变过程中，作为核心人物的他起着举足轻重的作用。说白了，当初所谓的“清流派”也就是同治后期翰林以诗为纽带形成的一个名士交往的小圈子，张之洞、黄体芳、王仁堪等人都是这个圈子里的活跃分子。后来，这个圈子慢慢扩大到前辈翰林吴大澂和章洪钧。张佩纶之所以与吴大澂、章洪钧走得很近，还有一点不能不提到，他乐于与南方人交往。据说张佩纶从来不参加同乡会，嫌北佬粗俗。一则有关他的记录也印证了这一点：“同乡公饯行丁廉访，并延张中丞香涛约同去，勉赴松筠庵，坐客谭笑甚鄙。”南方人

张爱玲的祖父张佩纶，一代谏臣看上去软绵无力

的文雅与风流甚合张佩纶的心意，所以他与吴大澂、章洪钧等很自然地走到一起，正如同《孽海花》中描写的："今日参督抚，明日参藩台，这回劾六部，那会劾九卿，笔下又来得，说的话锋利无比，动人听闻。枢廷里有敬王和高扬藻、龚平暗中提倡，上头竟说一句听一句起来，半年间那一枝笔尖上，不知被他拔掉多少红顶儿，满朝人人侧目、个个惊心，他到处屁也不敢放一个。"小说中的人物"仑樵"瞎子也能看出来，就是写张佩纶——张印塘字雨樵，张佩纶字幼樵，"仑"是佩纶的"纶"，"樵"就是幼樵的"樵"，而敬王、高扬藻、龚平，说的就是恭亲王奕䜣、军机大臣李鸿藻、光绪帝师翁同龢。虽说此乃小说家言，但是张佩纶在政治上的杀伤力可见一斑。在1875年至1884年"清流派"鼎盛的9年间，张佩纶上奏折127件，其中弹劾直谏就占了三分之一。一时间只要张佩纶一疏上奏，满朝文武四方传诵，就连他平时爱穿的竹布长衫，都有人竞相仿效。张爱玲对这种穷文人爱穿的竹布长衫就非常有好感，多次在文中提及："身穿一件簇新蓝竹布罩褂，浆得挺硬。人一穿，便在蓝布褂里打旋磨，擦得那竹布淅沥沙拉响。"张佩纶满腹诗书、两袖清风，虽官居高位但为官清廉，家中一贫如洗。据曾朴在《孽海花》中所述：当时京中对他的评议甚佳，"可以担当大事，可惜躁进些"。张佩纶在朝中抨击时弊目中无人，自然与他的才高八斗密切

相关。据说他打小聪明超群，读书过目不忘，中进士时年仅 23 岁，比他后来的老丈人李鸿章中进士时还小 1 岁。要知道，当年的李鸿章可是大清朝最年轻的进士——而张佩纶更牛的地方在于，他竟然做过皇帝的老师。

可是，在一个封建陈腐的官场里，像李逵似的抡板斧到处砍砍杀杀，痛快则痛快，却不免得罪人太多，这也为日后遭贬埋下了伏笔。1884 年，中法战争爆发，北洋大臣李鸿章畏首畏尾，心急毛躁的张佩纶坐不住了，接二连三上了 10 道奏章力主抗战。慈禧太后果然派他上了战场，一个提笔作赋的文弱书生，你让他带兵打仗拿刀杀人，就等于逼着李后主去做秦始皇，悲剧是注定了的，这也是张佩纶身败名裂的开始——这一年他 37 岁。后来人们揣度当时慈禧太后的心态，可能是老佛爷实在厌烦了这帮光说不练的家伙，你不是嘴皮子一直在说说说吗？让你们到前方受受罪。也有人说是李鸿章有意为之，意在提携故旧之子，让他在战场上建功立业，将来好做北洋大臣候选人。也许两种可能性都有，但是张佩纶的失败是注定了的——道理再明显不过，带兵打仗不是提笔作文，张佩纶只将朝廷“上谕”和李鸿章的电报作为进退依据，每日酒宴不止。而福州当地一帮士绅个个心怀鬼胎，将大权拱手让给这位钦差大臣。纸上谈兵的最终结果是，法军趁风雨之夜向福建水师猛攻，仓促应战的后果是全军覆没，战死 800 多人，战舰全部炸毁，晚清洋务派苦心经营的马尾船厂被洋枪洋炮夷为平地。而张佩纶则屁滚尿流顶着一只铜盆逃跑狂奔 20 里，坊间传说他一边没命地逃跑，一边不忘啃一只猪蹄。最后的结局是丢了红顶子，被朝廷充军发配到张家口放羊。这张老汉羊没放几天，却走起了桃花运，与李鸿章花容月貌的女儿李菊耦恋爱结婚，这一招让满朝文武百官瞠目结舌。

养老女嫁幼樵，李鸿章不分老幼

当时不知是谁写了一首诗挖苦张佩纶，那诗写得挺恶毒，却在朝廷传得人尽皆知，诗曰：“养老女，嫁幼樵，李鸿章未分老幼。辞西席，就东床，张佩纶不是东西。”但是李鸿章不管不顾，下决心要将女儿嫁给张佩纶，他曾经对人这样说过：“将来幼樵的功业必定比我大。”虽然后来的事实证明李鸿章有点看走了眼，但是时局剧变着实难以预料，但是他与张印塘这份生死之交、他亲眼得见张佩纶长大成人这份人间真情令他永世难忘，他一定要落到实处，他一定要对这份真情有个交代。更何况他推广洋务运动广受排挤和非议，挺身而出助他一臂之力的，正是昔日老友之子、朝廷后起之秀张佩纶。可以这么说，李鸿章早就代替女儿李菊耦相中了这个才气冲天，又有点目中无人的老才子。

李鸿章的女儿李菊耦

张佩纶一生经历了三次婚姻，原配朱芷芗的父亲是大理寺卿朱学勤，朱芷芗生了两个儿子后去世，留下了父亲藏书甚丰的藏书楼——结一庐，后来这大量的古籍全由张佩纶继承。朱芷芗去世后，张佩纶复娶继室边粹玉，边粹玉也是名门之后，她的父亲边宝泉从陕西按察使做到闽浙总督。就在张佩纶发配边关时，他的夫人边氏于1888年故去。那时候张佩纶还“有罪在身”，用现在的话来说，是个“刑满释放分子”。曾朴在《孽海花》中这样描写张佩纶与李菊耦的艳遇：那天是个冬天，外面风雪弥漫，张佩纶从张家口回来，一头撞进了李鸿章办公的签押房内。李鸿章并不在，里面坐着个姑娘，那是个“不长不短，不肥不瘦的小姑娘，眉长而略弯，目秀而不媚，鼻悬玉准，齿列贝编”。张佩纶一时有点心慌，就想要退出。而姑娘却站起来，眉目含情地看了他一眼，说：“您是张大人吧，快请坐，快请坐。”张佩纶心乱如麻，正束手无策，李鸿章适时走进来，说道：“佩纶，不碍事呀，这是小女菊耦，快来见过张大人。”那叫菊耦的小姑娘早红了脸，羞答答地上来道了声“万福”，就进入了内室。在与李鸿章交谈时，张佩纶又发现桌上有一本词集，拿过来一看，正是李菊耦写的。张佩纶是大才子，写诗填词是他的强项，见到美人的词集，哪有不看之理？趁李鸿章不注意，他悄悄拿过那本线装书，翻开一看，立马倾倒，那娟秀的小楷、玲珑的诗意，让张佩纶暗自叫绝。特别是一首《基隆》，读得他惊心动魄：

李鸿章在天津的老宅，如今一片破败，它是李菊耦与张佩纶相识之地

基隆南望泪潸潸，闻道元戎匹马还。

一战岂容轻大计，四边从此失天关。
焚车我自宽房琯，乘障谁教使狄山。
宵旰甘泉犹望捷，群公何以慰龙颜？
痛哭陈词动圣明，长孺长揖傲公卿。
论才宰相笼中物，杀贼书生纸上兵。
宣室不妨留贾席，越台何事请终缨！
豸冠寂寞犀渠尽，功罪千秋付史评。

既有讽刺，又替张佩纶惋惜，暗中还点明如果张佩纶安心做一介书生，不去逞能做个冒失鬼杀敌，也不至于如此狼狈。张佩纶两眼一热，泪水不自觉流了一脸，有一种相遇红颜知己的感觉。李鸿章在一旁笑道："小女涂鸦之作，大人莫要见笑。"同时改口要张佩纶帮忙替他小女介绍翁婿，张佩纶即便是个傻瓜，也知道刚才发生的一切全是李鸿章有意安排，一时内心窃喜，马上向李鸿章打听他的择婿条件。李鸿章递话给他："只要和张大人一样，老夫就心满意足了。"张佩纶的桃花运来得如此突然，几天后就派人到李府提亲。李夫人赵继莲一听来提亲的人是那个"刑满释放分子"，比女儿整整大了19岁，立马大吵大闹，咒骂李鸿章："你这个老糊涂虫，你老糊涂啦？好端端的一个如花似玉的女儿，嫁给这样一个糟老头子？你别做梦。"李鸿章被吵烦了，说："你

李鸿章夫人赵继莲和女儿李菊耦

别吵别闹好不好？问问小女，问问她是怎么想的？”李鸿章叫来女儿，一问，李菊耦迟疑了片刻，答道：“既然爹爹已经在张大人面前放了话，哪能悔改呢？况且，以爹爹的眼力，他相中的人必然不会差的。”李菊耦已经有了自己的主张，赵继莲即便一百个不情愿，也没有办法来改变这个“父女合谋”。

满目荒凉，只有我祖父母的姻缘色彩鲜明

张爱玲在《对照记》里说：“满目荒凉，只有我祖父母的姻缘色彩鲜明，给了我很大的满足，所以在这里占掉不合比例的篇幅。”在她看来，张佩纶家族也好，李鸿章家族也罢，全都是满目荒凉不堪入目，只有她祖父张佩纶祖母李菊耦琴瑟和谐光彩照人，是一对神仙眷侣。

张佩纶虽说在官场命蹇时乖，没有积蓄，但是婚后靠着李菊耦的陪嫁，他的日子过得相当滋润。张爱玲说：“我祖母的婚姻要算是美满的了，在南京盖了大花园偕隐，诗酒风流。灭太平天国后，许多闲散的文武官员都在南京定居，包括我未来的外公家。大概劫后天京的房地产比较便宜。”“我姑姑对于过去就只留恋那园子。她记得一听说桃花或者杏花开了，她母亲就扶着女佣的肩膀去看……”

据《清史稿》记载，“李鸿章不念旧恶，以女妻之”，原因有可能是为了延揽人才，也可能是张佩纶得到了其女的垂青。后来，张佩纶为了迎娶李鸿章千金，不惜重金买下了江南提督张云翼所建的张侯府，两人入住其中。当时的建筑主要有三幢，呈品字形分布，南侧一幢似为主楼，东西两楼各连着一个花园。张佩纶还特别将东楼命名为“绣花楼”，专为李菊耦居住，后人习惯称之为“小姐楼”。

张佩纶对李小姐疼爱有加，他们之间的爱情算得上一段美满姻缘——两个人都是文学爱好者，在金陵小姐楼里“诗酒风流”，写食谱，品善本，著武侠，比翼双飞。张佩纶在日记中说：“以家酿与菊

耦小酌，月影清圆，花香摇曳，酒也微醺矣。”他写诗表白心曲：袖中合有屯田策，懒向辕门更纪勋。他与李菊耦合写了一本菜谱后意犹未尽，就联手创作了一部

金陵老房子“小姐楼”，张佩纶与李菊耦“诗酒风流”的地方

武侠小说《紫绡记》。张爱玲读过，认为“故事沉闷”，比不上她的小说《十八春》。看来还是李鸿章懂得女儿心，并没有乱点鸳鸯谱，从闪电结婚来看，李鸿章显然早就相中张佩纶，他的动机既是惜才，也是念旧。张爱玲一向崇尚爱情第一，她对祖父祖母的爱情自然十分欣赏，张佩纶虽说才情过人，但是目中无人、夸夸其谈的个性也让李鸿章非常厌恶，作为洋务派的主要人物，李鸿章曾痛斥张佩纶等“清流派”：“不考究事实得失，国家利害，但随便寻个题目，信口开河，畅发一篇议论，借此以出露头角。而国家大事，已为之阻挠不少。”李鸿章还感慨：现在办事，举步维艰，动辄得咎，大臣本不敢轻言建树，但责任所在，又不能坐以待毙，常常苦心孤诣，想出“一条线路，稍有几分希望，千盘百折，甫将成事”。言官以为有机可乘，就群起而攻之——“朝廷以言路所在，又不能不示加容纳，往往半途中梗，势必至于一事不办而后已”。但奇怪的是，不管李鸿章怎么说道，锋利无比的张佩纶从来都不攻击他，其间原因当然心

照不宣。1879年张母去世时，张佩纶生活窘迫，李鸿章即以资助营葬的名义赠“白金千两”，让张佩纶“感德衔悲”。张佩纶也知恩图报，后来出任总理衙门大臣，随即投桃报李，三两天就与李鸿章通信，署中事无巨细逐一报告，简直就是老李派到清廷中枢里的卧底，后来“以女妻之”，应该是一件顺理成章的事。

令人遗憾的是，“世侄”做了“世伯”的女婿，却也没有东山再起。物质上的富足并没有排解心灵的苦痛，他所能做的选择就是低调，再低调。据说李鸿章做大寿时，满朝文武都来祝贺，连慈禧太后都送来匾额祝寿，张佩纶却和李菊耦关起门来下了一天的棋。后来他的好朋友张之洞做了两江总督，张佩纶寄寓的金陵正属他的辖地。尽管此时张佩纶已经远离政局，可慈禧太后对他的记恨仍未消弭。张之洞想，“与之往还，惧失欢西朝，不与往还，又失古人之谊”，于是有意让张佩纶移居苏州。张佩纶大怒，说：“我一失职闲居之人，何以并金陵也不许我住耶?”后来张之洞微服私访，老友相见抱头痛哭。这一面可以证实张之洞的仕宦气，会做官也会做人。

李菊耦膝下的两个小孩就是张爱玲的父亲与姑姑

1903年正月初七，张佩纶病逝于金陵，终年56岁。张爱玲的父亲张廷重和姑姑张茂渊就出生在金陵的这所富丽堂皇的张侯府内，并在这里迎娶了张爱玲的生母黄逸梵，李菊耦在世时便为她的儿子定下了这门亲事。1916 年，两人结婚时都是 20 岁，新郎名门之后家大业大，新娘黄逸梵非常漂亮。然而，这个婚姻是个悲剧。张爱玲说："我母亲还有时候讲她自己家从前的事，但是她憎恨我们家。当初说媒的时候都是为了门第葬送了她的一生。"

皖中小村庄，张爱玲的根

从合肥郊外一个叫磨店的乡镇坐上蹦蹦车往于湾走，心里有点忐忑不安——从破烂的四面通风的挡风玻璃上往外看，荒芜的农田、破烂的村庄，前几天刚刚下过一场雨，道路一片泥泞。这里离合肥只有不到10里地，却完全看不到城市近郊应有的繁荣与喧嚷，看到的只是凋敝与败落。我想起李鸿章，想起张爱玲——看来李鸿章真是罪孽深重，他太贪了，合肥宰相天下瘦，他恨不得将整个国家据为己有，对于故乡，即便是100多年以后，似乎仍然被吸血过多，营养不良——像硕鼠一样肥大的，只有他李鸿章一个人。在中国历史上，每一个朝代都出这样富可敌国的官僚，甚至出现过国家向个人借贷的事例，在李鸿章身上，最能看到黑暗、专制的封建缩影。或者说，李鸿章就是旧中国的化身。张爱玲对这个家族的仇恨，其实一点也不奇怪。可是生于这样的家族，她又离不开这个家族，事实上她一生都在享受这个庞大家族的庇荫。她是寄生虫，要过有情调有品位的生活，就一定要有所附丽。如果她是寒门子弟，她拿什么玩贵族情调？拿什么去海外谋生？都说她有稿费，其实她早年那两本小书的

直隶总督李鸿章

稿费根本无法支付起她生活的昂贵开销（内地早期出版了她那么多的书，卖得那么好，从来没有想到要支付她版税，张爱玲对此颇有微词）。她无论在国内还是在国外，大部分或主要开销就是靠变卖家中古董过日子——她是这样，她姑姑、她母亲、她后妈全都是这样。

于湾村出现在田野尽头，一个杂乱的村庄，各式房屋拥挤在一起，毫无章法，村落里时见荒草萋萋，可见有些房屋久已无人居住。一些村民冷漠地看了我几眼，又在猪与鸡的吵嚷声中荷着农具走出村庄，他们的脚下，遍布着鸡粪与稻草——这个村庄是李鸿章的祖居地，无法想象这样的村落会与张爱玲搭上关系。忽然冒出这样的古怪念头：如果李鸿章一直就待在这里做一个穷苦农民，那么张爱玲也就应该是个最贫穷的村姑，她绝对不会写小说，胡兰成当然也不会爱上她，她肯定不识字，二三月里会去田塍上挑野菜，过年会为二尺红头绳和小气的母亲闹上半天，她只能嫁往邻村，像一团水草，从一个村庄漂向另一个村庄——当然这只是我的无聊假设，命运安排千千万万乡间女孩，却没有这样安排张爱玲，而是让她出身于上海华丽家族，写出绚烂锦绣之文，然后又出走海外。可这样安排不一定就是福——一位内心荒寒死无人知的另类作家，是不是会比粗茶淡饭儿孙绕膝的乡间大娘更加幸福？

祠堂郢村离于湾很近，当年农家少年李鸿章常常在两个村落之间来往。李氏家族最早从江西湖口迁来，主要原因是躲避战乱。并且李家在湖口时并非姓李，而是姓许，从湖口迁庐州时为八世孙许福三。许福三的儿子许光照又生有六子，姻亲李心庄无子，他便将儿子许慎所过继给李家，按民间的“别子为祖”的习俗，许慎所这一脉改姓为李，许慎所为一世祖，李心庄为始祖。当初许光照来庐州最先落脚于祠堂郢村，得到李心庄的照应后，一家人在异地他乡渐渐站稳脚跟，但是生活仍旧艰难。一直到李鸿章高祖时，李家才

李鸿章老宅的熊砖井至今仍在祠堂郢村，据说此井风水好，李家由此发家

“勤俭成家，有田二顷”，开始耕读世家的传统，可惜一直与科举功名无缘。直到李鸿章父亲李文安于道光十八年（1838 年）考中进士，李氏一族才“始从科甲奋起，遂为庐郡望族”。现在的祠堂郢村仍有李家“棣华书屋”遗址，一片残砖碎瓦。李鸿章父亲李文安曾记录过旧居棣华书屋的环境：“门临方塘，水光照屋，菊花三径，杨柳数株。”那个柳荫塘还在，就在打谷场对面，少年李鸿章曾在此游泳。隔着柳荫塘，有一片稻田，是李鸿章老娘耕作过的“麻大田”—— 之所以得名如此奇特，据说缘于李母天生麻脸和大脚。李氏祖先有田二顷，到祖父李殿华时，分得的田产不多。李殿华两应乡试皆落第，便放弃功名之想，退居乡间，过着“男耕女织，督课勿懈”的生活。李鸿章后来在家书中说：“前吾祖父穷且困，至年终时，索债者如过江之鲫。祖父无法以偿，惟有支吾以对。支吾终非久长之计，即向亲友商借。借无还期，也渐为亲友所厌。其时幸有姻太伯父周菊初者，稍有积蓄，时为周济，并劝祖父以节俭，并亟命儿孙就学。吾祖父从其言，得有今日。”

一个贫穷到靠借债度日的农家，因为李文安中得进士，一切全改变了。

麻大田里，李鸿章的大脚老娘

祠堂郢村的麻大田因为李母的麻脸与大脚而得名，而李鸿章家族的发脉起家，也与这位大脚母亲紧密相关。

当时李家家贫，李鸿章的祖父李殿华时常外出做点小生意，也就是提篮沿村叫卖一种简单的食品：麻饼。粗糙的面疙瘩做成的麻饼，在当时的乡村仍然不失为招待来客的好东西，逢家中来了贵客，村人们总要掏出几文小钱买上几块。有一年秋天，李殿华卖完了麻饼匆匆从邻村往家赶，走到一块坟地边突然听到一阵猫叫似的哭声，他吓了一跳，在荒草丛中找了半天，才找到一个被丢弃的小女婴。小女婴哭声像猫，瘦得也像猫，正在出天花，身上还滚烫，显然是个被遗弃的病孩。李殿华虽身在乡下，毕竟是个读了点书的小知识分子，还略懂些医道，尤其擅长儿科。见到这个奄奄一息的小女婴他心生同情，就抱回家收治，准备治好后再寻找丢弃她的父母。10天后女婴治好了，脸上却留下了稀稀落落的白麻点，像他麻饼上撒的芝麻粒。这对一个女孩子来说是个不小的缺点。李殿华找了好几个月，也没有找到她的父母，只好将她留在家中。

小女婴慢慢长大，她知道自己是弃婴，长大后就在李家苦做苦累帮着干活，她要以勤劳来报答李老太爷的养育之恩。既然要成天跑进跑出地干活，也就没有必要像深闺里的小姐一样裹一双小脚了。同时也没有亲生母亲在旁监督她裹脚，那双自由自在的大脚就成了她生活中的好帮手，什么重活儿累活儿都不含糊。在当时，哪有女孩子不裹脚呢？她的一双大脚板成了村民们的笑料。大脚姑娘在当时是找不到好婆家的，更何况她还是个被丢弃的孩子，亲爹娘不知在哪里。她也从不想以后的事，只是埋头在李家干活，尽一个养女的本分。这时候她不知道，有一双善良的眼睛早就注意到了她，这就是李家的四少爷李文安。李文安是个心慈面善的人，见不得人家受苦。有一天晚上他从外面回来，看见姑娘累得倒在灶门口睡着了，就顺手脱下外衣盖在她身上。这一幕被李殿华看到，他知道儿子对姑娘有了一片心意，秋收以后，他收拾出家里一个房间，又到磨店街上给她扯布做了几身衣裳，便让儿子与她结为夫妇。

大脚姑娘成了李家媳妇，她的非凡才干在婚后才显山露水：她为李家生下六个儿子：李瀚章、李鸿章、李鹤章、李蕴章、李凤章、李昭庆。另有两个女儿，大女儿嫁的是提督张绍棠，二女儿嫁的是江苏候补知府费日启。生李鸿章时还有一个传说，这天正是农历正月初五，是民间接财神的日子。大脚姑娘在麻大田干活让乌龟咬了一口，使得她分娩比产期晚了一个月，这个孩子出生后果然成了贵（龟）子。当时李文安要读书备考，又要外出做官，家中一切只能由她一人负责打理，每一个孩子都是靠她一人拉扯大。她的大智慧还在于，每当丈夫和儿辈遇有升迁、别人总是喜笑颜开地来祝贺时，她却不露喜色不以为意，反而沉静地时以盈满为戒，显示了“福人”的真功夫。

上苍也回报了这位苦命的女人，让她在后半生大富大贵活到83岁，比丈夫李文安多活了28年。她晚年跟着两个当总督的儿子过，在总督衙门里当她的太夫人，享尽了荣华富贵，根本不在乎磨店乡下祠堂郢村那几进农家小院，所以他们在家乡的老土地上并没留下深宅大院。她的儿子们帮助清政府打败太平天国后，有一年总督“换防”，李鸿章从湖广总督的位子上北调京畿，去任直隶总督，留下的湖广总督的职位由他的哥哥李瀚章接任。当时她正跟儿子住在总督署内，总督要调换了，而老娘是同一个，老太太是不需要“挪窝”的，走了一个总督是她的儿子，再来一个总督还是她的儿子。乡间邻里不无羡慕地传出话来：“人家李家是总督换防而老太太不用换防。”其福分真是人人仰之，无以复加。她的后半生不仅享受了一般官僚家庭的荣华富贵，还屡受皇恩。她75岁生日时，适逢慈禧太后40寿辰，清帝为笼络汉臣，推恩及亲属，特下《褒赏谕旨》，赏给她御书“松筠益寿”匾额一面，紫檀三，镶玉如意一柄，大卷江绸袍褂料二匹，大卷八丝缎袍褂料二匹。1882年，老人家年纪大了，身体久病不愈，皇帝又下谕旨，赏李鸿章一个月假期去湖北探望，并赏其母人参8两，以资调理。李鸿章来到湖北，各级官吏纷纷设家宴迎请，以示巴结。每当出门坐上八抬大轿，老太太总要将一双大脚伸出帘外，引得路人纷纷驻足围观，成为街谈笑料。李鸿章面子上下不来，于是苦苦哀求老妈将脚收敛一点。老太太勃然大怒：“你老爸当年也不敢说这般话，没有老娘这双大脚，谁供你们读书做官？”说罢倒头便睡，绝食三天，以示抗议。李鸿章只好跪下赔罪告饶，从此任由老娘为所欲为。

皇帝的8两人参并没有养好老太太的病，老太太不久就去世了。于是清帝再下一道谕旨：“内阁奉上谕：大学士直隶总督李鸿章、湖广总督李瀚章之母，秉性淑慎，教子有方，今以疾终，深堪轸恻，朝廷优礼大臣，推恩贤母，灵柩回籍时，着沿途地方官，妥为照料，到籍后，赐祭一坛，以昭恩眷。钦此！”在当时的清朝，有几个乡间老大娘能够得到如此至高的浩荡恩宠？李老太可能是唯一的一位。

芜湖的稻和米，李家的金与银

张爱玲没有到过安徽芜湖，但她对芜湖一点不陌生，笔下频频出现“芜湖”二字，《秧歌》里写苏北一个地主被土改工作队吓跑了，跑到哪儿去？芜湖。少时家里亲戚在上海住烦了，也会搬到芜湖住上两年，因为芜湖有的是张家房产。她笔下一个败落户子弟常常向人家借钱度日，开口这样说：芜湖的钱来了就会还你——芜湖的钱如何来？从房租米捐里来。张爱玲大半生过的都是锦衣玉食、仆佣成群的奢华日子，钱从哪里来？也是从芜湖来——芜湖是李鸿章家族发家之地，江城芜湖的稻与米，便是李家张家的金与银。

我在芜湖居住过4年，4年就居住在河南的裤子街，那是一条僻静的老街，傍着青弋江静静的流水——与裤子街相伴的，有无数通往青弋江的条条小街：东街、西街、米市街、笆斗街，这些小街便是当年繁华一时的芜湖米市：钱庄、砻坊、斛行、粮仓—— 一切与米市相关的行当在这里都能找到。我无数次从这里穿过，当年的高堂华屋如今塞满了市井人家，只是从陈旧不堪的窗棂、门台、雕梁、廊檐等建筑细节上，你还能依稀看到这座著名米市的富丽与鼎盛。与李家相关的处处遗址也就散布在这片古城区：儒林街的小天朝、地区戏校的李公馆、河洞街的李家马厩、大官山的李漱兰堂——李鸿章子孙一手遮天，牢牢控制着芜湖米市的每一道贸易关卡。在漫长的农耕时代，土地与稻米就代表着财富，在张爱玲没有出生的年代里，她的家族财富像李家谷仓的稻谷与米粒一样，迅速

芜湖大官山上李簌兰堂，李鸿章家族经营房地产的“总部”

膨胀。李家的每一粒稻米、每一根金条，都见证了底层民众的血泪与封建专制的黑暗。

这个故事应该从1876年4月1日开始，芜湖城正式开埠被辟为通商口岸，大量洋货的倾销使得皖南市场逐渐繁荣。但这个市场完全掌控在洋人手里，李鸿章一点好处捞不到，他很不甘心。芜湖是他的第二故乡，洋人的黑手竟然伸到他家门口来了，他很不开心，他想要他的家族来取代洋人垄断整个皖南米粮交易，一个庞大的计划就在他心底筹谋。当时全国有长沙、无锡、镇江、九江等四大米市，镇江因为比芜湖开埠早了15年，所以镇江七浩口米市一派红火，成了长江下游的米粮集散地。一心想和洋人搏一把的李鸿章给朝廷上了一道奏折，要把镇江七浩口米市迁到安徽芜湖来。依据李鸿章在朝廷里的地位，要让朝廷准奏，自然不是件难事。但是，单凭一纸奏章，就要让镇江的米商自愿迁移，显然很不容易。当时镇江的米商已经成团成帮，他们在镇江的生意已经做稳，自然不愿迁移，于是暗中就和官府抵制。在朝廷下达命令后的前5年里，七浩口米市的搬迁几乎成了僵局。绞尽脑汁的李鸿章最终想到了一个人，那就是当时担任皖南兵备道兼任芜湖关监督的张荫桓。张荫桓是广东人，而镇江七浩口米市的势力以广帮和潮帮为主，只要能说通广潮两帮的米商来芜湖，米市的搬迁就算成功了一半。作为洋务运动的大员，张荫桓一直唯李鸿章马首是瞻。他立即赶到镇江，利用同乡的关系，说动那些经营米市生意的同乡和亲友迁往芜湖。经过三四年陆陆续续的努力，也就是张荫桓在当芜湖道台这一任的基础上，芜湖米市在强权之下得以形成。

芜湖古城中的老房子小天朝，李鸿章送给侄女的嫁妆，现在成了幼儿园

强制搬迁米市让许多米商十分不满，李鸿章口头不说以免触犯众怒，暗地里却态度强硬——他的措施是为侄女举行盛大婚礼，出手就送了她一座豪宅小天朝。这一场盛大的婚礼吸引了芜湖全城的目光。在庆婚的人群里，不仅本地的达官贵人一个不少，甚至还有江南一带赶来的官员和士绅，李鸿章的做派不仅仅是出于对这个侄女的偏爱，他也是借婚礼传达给各地的官绅和米老板一个信号，那就是李鸿章眷顾着芜湖，军粮采办、税银定制等都在他的手中操办，他完全可能左右芜湖米市的兴衰，久战商场的米商当然很明白其中的潜台词。不久，李鸿章母亲病故，一艘火轮从武昌出发，载着李母的灵柩顺江而下来到芜湖，缓缓停泊在中江塔下，芜湖城的官僚倾巢出动迎接，李鸿章要护送母亲遗体在芜湖中转，然后进入巢湖水系回老家合肥，他们在芜湖设立了灵堂进行祭拜。作为清朝的督抚大员，李鸿章在芜湖祭拜母亲，这本身也是向朝野作一个姿态，我李家的利益全在这里——李鸿章家族利益后来全得益于米市，随着芜湖开埠和米市的形成，不仅七浩口的米商逐渐迁到了芜湖，周围一带的米商也到芜湖来开店设厂。这么庞大的人群齐聚芜湖，自然会带动芜湖的经济繁荣。李氏家族垄断了芜湖城的房产、金融、仓储、运输等，在江北无为洲，包括和县、含山、巢湖一带，李家田地以百万亩计，李鸿章财富迅速暴涨，富可敌国。

1936 年，粤汉铁路全线通车，依靠水路运输粮食的年代宣告结束，广东不再依靠安徽的稻米，广潮两帮的米商全线撤退。而此时，已在芜湖米市捞不到什么好处的李氏家族也开始撤出芜湖，迁往上海，上海的崛起给无数怀揣梦想的人提供了绝好的机遇。在芜湖米市积聚了大量财富的李氏家族在上海创业，开始了他们的另一段传奇。

李鸿章和他的家人在一起

摩登上海，洋务运动的果实

其实摩登上海的崛起，正是李鸿章竭力推进的洋务运动的成果之一。正是上海的繁华与摩登造就了张爱玲，张爱玲享受的正是她祖上的庇荫。张爱玲一直在诅咒家族祖先："我死后他们也躺在我血液里再死一次。"她这完全是小女生式的不知天高地厚和不知好歹。

民国年代繁华摩登的老上海

李鸿章的崛起与上海的崛起是同步的，那时候是1862年，李鸿章还在曾国藩湘军中任幕僚。太平天国起兵后，忠王李秀成率领10万太平军从江浙一带气势汹汹直扑上海。那时候上海还是一个滨海小城，上海租界靠着外国列强的庇护，以中立为标榜，开始一片繁荣。闻听10万大军扑来，一时人心惶惶，有民谣唱："遍地出长毛，夫妻各自逃。"因为此前李秀成已经连续攻克了宁波、绍兴、杭州等许多城池，所到之处攻无不克，战无不胜。朝廷见状也恐怖万分，要求曾国藩发兵镇压，可是曾国藩兵力吃紧无兵可派。李鸿章得知上海为洋人租界，大量引进外资，正飞速发展，可以为兵力提供足够的军饷，把这块风水宝地拱手让给太平军实在太不划算，他决定向恩师曾国藩学习，模仿他创建湘军的经历回合肥老家创办淮军。临危受命的他说干就干，过去父亲李文安就是在老家搞团练起家，这一套路他很熟悉，老班子人马大体上也都还在，过去办不下去就是缺军饷，现在上海开埠，洋行买办那里有的是钱，李鸿章当即令三弟李鹤章回老家招募旧部团练，短短几个月时间就招兵买马数千人，散兵游勇在安庆集结号称淮军四大营，但是这帮人马怎么运到上海又是件头痛的事。此时长江下游完全在太平军控制之下，李鸿章一拍脑袋想出个妙招：拿外国人做幌子。他筹措重金 18 万两白银，租借 7 条英国商船，挂上英国国旗，从安庆走长江水路，愣是在太平军的眼皮子底下，分批将 9000 淮军全部平安地运到了上海。

合肥城内李鸿章故居

这支来自乡下的兵卒人人衣衫褴褛，被人称为叫花子兵。为了装备他们，李鸿章苦心经营耗尽心血。当时他身在上海，通过熟人偷偷溜上洋人的军舰，面对“坚船利炮”的洋枪洋炮，李鸿章明白为什么泱泱大国败给西洋小国的根本原因了，因为我们的科技文明根本就没有，中国人从根本上来说还停留在封建时代，根本没有进入现代文明，洋务运动的框架就这样最早在他头脑里形成：一开始仅仅是学习洋人的治军方式，最后要走一条实业救国之路。而十里洋场上海滩，无疑给他提供了最好的表演舞台，他的人生大戏就要在这里粉墨登场。在与太平军几次交战中，他也没有放弃自己的理想，并且脚踏实地落到实处。他的聪明才智被朝廷看在眼里，先任他为江苏巡抚，继任钦差大臣、湖广总督，最后提拔为直隶总督兼北洋大臣。在短短的数年时间内就达到了他一生事业的顶峰，超越恩师曾国藩成为晚清第一重臣。

随着李鸿章的步步高升，上海滩那块长江入海口的荒滩在他的手中一夜之间成为远东第一大都会，这全是李鸿章推进的洋务运动所开的花结的果。出任直隶总督后，李鸿章视野愈加开阔，综观世界各国的发展，痛感中国之积弱不振，原因在于“患贫”，得出“富强相因”“必先富而后能强”的认识，将洋务运动的重点转向“求富”——中国近代最大的民用企业轮船招商局在他手中创办，随后的江南制造局，稍后他又创办了河北磁州煤铁矿、江西兴国煤矿、湖北广济煤矿、开平矿务局、上海机器织布局、山东峄县煤矿、天津电报总局、唐胥铁路、上海电报总局、津沽铁路、漠河金矿、热河四道沟铜矿及三山铅银矿、上海华盛纺织总厂等一系列民用企业，涉及矿业、铁路、纺织、电信等各行各业。在经营方针上也逐渐由官督商办转向官商合办。

洋务运动让上海滩由此一红惊天，但是民谚云：一红有一绿；文人曰：有盛必有衰。随着李鸿章的去世，没有李鸿章的庇护，李氏家族开始走向式微，富不过三代的定论得到印证。这时候张爱玲在上海文坛崭露头角，一个弱不禁风的李鸿章曾外孙女，以一支魔笔、一段爱情开始了她在后世长久不灭的人生传奇。要细说起来，张爱玲应该是财富堆砌出来的一个异数——往上数，她的祖先全是穷苦农民；往后看，她晚年最终在美国也沦为穷人，靠政府救济金过活，全部家当就是几只纸箱子——从赤贫回归赤贫，这中间百余年的锦绣浮华，是一个家族幻灭的梦。为什么张爱玲如此喜爱《红楼梦》？曹雪芹的几世几劫轮回报应说到了她心里。李鸿章家族的兴衰史，就是一部活生生的《红楼梦魇》。

鞭炮作坊，那个掼花炮的孩子

张爱玲的母亲黄逸梵也是名门望族，祖父黄翼升是清末长江七省水师提督，通常称军门黄翼升，简称为黄军门。黄家在南京留下了大量房产，南京莫愁路上的朱状元巷 14 号便是，当年被称为军门提督府。在明代，这里本是朱状元府的一部分，黄翼升到金陵任职后，曾将西侧厅改建为生祠，以炫耀其战功，却被人举报。皇帝命人查办此事时，李鸿章为其庇护，黄翼升本来就是李鸿章的老部下。张佩纶的儿子迎娶黄军门的孙女儿，当初想必是很轰动的，金陵那片带大花园的房子里张灯结彩，厅堂里高朋满座，金童玉女，羡煞了多少世人。但这些都没能给一对新人带来幸福，祖父母“色彩鲜明”的姻缘没能在后代身上延续。张爱玲说起这些家族往事就为母亲愤愤

破破烂烂的南京老巷——朱状元巷

不平。黄逸梵虽然生于大家庭，但却是小妾所生，父母又早逝，因此童年并不幸福，她内心浓重的阴影一直影响了张爱玲的个性。

黄逸梵憎恨封建家长制度，为了门第葬送了她一生的幸福。但是像黄军门这样出身寒微的苦孩子，你要他不注重门第就等于要他死。作为无爹无娘的孤儿，他实在穷怕了。那时候湖南长沙县大河港只是个小村镇子，东一个篱笆结成的院落，西一个栅栏围成的院落，零零落落的院落组合在一起，就是这个长沙大河港。村镇子上空长年弥漫着一股奇特的香味，那是硝烟独有的气味——此地人爱做鞭炮，至今长沙、浏阳一带仍然是鞭炮之乡。长沙小镇东一个院落西一个院落，多半是鞭炮作坊。苦孩子邓翼升家没有鞭炮坊，他5岁时父母双亡，本姓黄的他被邓氏收养改姓为邓，邓翼升每天一睁开眼就有做不完的活，并且也是吃了上顿愁下顿。才7岁的他就想到鞭炮作坊做鞭炮，但是因为实在太小没人要，只好没事就在作坊外面玩，有时捻拾一起散落的鞭炮掼个响儿听。谁都知道他是个命苦的孩子，谁都知道他喜欢玩掼鞭炮，再不响的鞭炮他也能掼出声。他还会将散落的小鞭炮收集起来，拆开鞭炮合在一起再卷筒成一个大花炮，那个震天响的大花炮长沙人称之为雷公，他做雷公手艺令人惊叹，大家都认为这个孩子长大了可了不得，无师自通竟然会做雷公，如果让他进了标枪队，他一定会造枪造炮。

邓翼升的名气就这样传出去，长沙小镇大河港人人都知道这个没爹没娘的孩不得了，邓氏也认定她没有看错人，开始将邓翼升当亲生儿子看待。几年后邓翼升长大了些，就到附近的鞭炮坊当学徒做鞭炮。因为他聪明好学，又因为他手快眼快，他的鞭炮总比别人做得多也比别人做得好，老板很喜欢他。别人一天只管一顿午饭，他中晚两顿饭全在作坊里吃，老板为的是让他晚上加班多做鞭炮。几年鞭炮做下来，可以满师了，可是家中无钱让他开作坊，这门手艺学着无用也只能继续在作坊做工。随着年龄一年年增大，邓翼升越来越对做鞭炮失去信心，就在这时候，他出事了。

那天邓翼升照例在作坊做鞭炮，他确实有点三心二意。捆扎好一盘千子鞭，还没有插捻芯，就随手将鞭炮盘放在案板上，继续再捆另一盘。捆扎好一盘往前一推，捆扎好一盘往前再推，就将先前的第一盘挤掉下去。眼看着那盘鞭炮要掉下去，他眼快手快伸出手就要去接，手刚刚搭过去，那盘鞭炮就落地了，谁也没有想到落地的鞭炮爆炸了。还好，只是一盘千子鞭，一声巨响之后，他掉头就往外跑，所有的鞭炮开始爆炸起来。幸亏刚刚出货，存货极少，所以没有酿成大的灾难。事过之后他十分后怕，决定不再去做鞭炮。但是不做鞭炮他能做什么？也是命中注定他要参军，几天后长沙镇街头贴出告示，曾国藩创办湘军，招募乡勇进入协标队。邓翼升毫不犹豫地报了名，进入协标队，还当上了小队长，他的人生也由此开始踏上一条通天大路——当然，他后来所有的一切荣耀全都是拼死拼活浴血奋战拿命换来的。

从岳州到苏州，马不停蹄征战一生

邓翼升在长沙协标队以英勇善战出名，一直远征到广西，那时候在整个长沙小城，都知道那个从前在鞭炮作坊当学徒的小家伙会打仗。太平军攻陷金陵之后，同为湖南人的曾国藩在礼部当侍郎，奉命回乡办团练，创设湘军水师，听说邓翼升会打仗，曾国藩特地将邓翼升请到帐中一番对谈，发现这个年轻人在军事上果然有过人之处，当即将他调到麾下。

黄翼升画像

此后的邓翼升和李鸿章就服务于曾国藩，两人一武一文，沿长江水系一路打下来，从湖南岳州一直打到江苏苏州，大大小小的战事不知打过多少。每一次邓翼升都亲自上阵，出生入死，为朝廷平定了太平军和捻军之乱，屡见奇功。1860 年，曾国藩上奏设淮扬水师，清廷诏他“于所部将领中，简其才略素著、谋勇兼全者，酌保数员”。当时黄翼升合围安庆成功，李鸿章为福建延建邵道台，同时为曾国藩圈选应命，黄翼升获授江南淮扬镇总兵，几年后又获授代理江南水军提督。后来在《诰授光禄大夫建威将军长江水师提督黄公墓表》这样记载："公讳翼升，字昌岐，湖南长沙人，形质硕伟，年少自负，考入长沙协标，充队长，始从向忠武公荣剿贼广西，既而曾文正公檄回湘中管带水师右营，广信、九江、湖口、若菱湖、若太平、芜湖、东关运漕、金柱关、东西梁山等隘大都陷阵，儿前无所于避，凡七年由把总累迁至淮扬总兵管带、淮扬水师擢江南水师提督，又拜总统淞沪水陆军之命，西克金陵，东取苏州，始终皆兴其役，又奏平捻指绩，天子念公功高，水师关系重大，曾文正公方立持久章程，即以公补实，又虑长江广远，非一人之耳目所能周察也，復迁杨彭二公互相巡阅，杨公辄称病免，惟彭公独任焉，公与彭公性颇殊，彭公性刚梗，有犯必绳以法，群下惮之如火，公性宽容，有事辄以情谕，群下望之若云，居久之意若不相悦者会因旧上触发请开缺调理，得旨允从擬终老金陵，游豫章事外而已。光绪十八年朝廷再起公为提督，重莅长江二十年，甲午日本寇抚中国，防务棘艰，公劬劳甚，病也甚，以八月初十日卒于金陵，年七十有七。"

张爱玲从小就听人说母亲黄逸梵头发不太黑，皮肤也不太白，深目高鼻，薄薄的嘴唇，有点像外国拉丁民族人。邓翼升祖上湖南长沙县这点确凿无疑，他们家族却是唐中叶自江西婺州、浙江金华迁至江西丰城，此为一世祖。明洪武年间初迁湖南长沙县锦绣都二甲大河港，据说最早是从广东迁婺州，此无据可查。但是黄逸梵像外国人的血统据说来自广东，这一点《黄氏家谱》上也没有注明。

《黄氏家谱》撰修于明永乐年间，清雍正、乾隆、嘉庆三次续修，上海图书馆收藏有全部刻本，黄翼升的谱系为：天爵—均慈—益先—友贵—源—义六—守瓒—司直—必瑚—启哲—国俊—仕焌（琴轩）—继高（九如）—述略（子斌）—昌岐（翼升）—宗炎（石荪）—绪斌（定柱）—家庆（德贻）。定柱即为黄逸梵同胞兄弟、张爱玲的舅舅，即被张爱玲称为“泡在酒精缸里的孩尸”那位。《黄氏家谱》对邓翼升的生卒功业记载清晰明白，但是有一点却没有记载，就是曾国藩曾特地为自己的爱将邓翼升奏请复姓归宗。据说在归宗前，两个人进行了一番谈话。曾国藩说：“我将上奏你为水师提督，对你来说是名至实归，但是你姓邓不姓黄，此光宗耀祖之事却与黄家无关。”邓翼升说：“邓氏将我养大成人，这份恩德永世不忘，尔今我也四十有一，年岁虚长，归宗之心越烈。”曾国藩说：“看来，我在上奏你为水师提督之前，必得再准一奏，先为你认祖归宗。”

邓翼升从此去邓为黄，黄翼升的名字也重新出现在新修的《黄氏家谱》上。作为有功之臣，黄翼升生前享尽无尚荣耀，《诰授光禄大夫建威将军长江水师提督黄公墓表》这样记载：“先时公以武功受殊遇，赏戴蓝翎花翎，赏刚勇巴图鲁名号，赐黄马褂，赏一等轻车都尉世职，封三等男，赐紫光阁绘像，紫禁城内骑马，皇太后万寿庆典赏加尚书衔，逮遗折入照提督列，赐卹，予谥武靖，事迹宣付史馆立传……”

“刺马” 案， 清代四大奇案之一

黄翼升一生与曾国藩并肩作战，是曾国藩的心腹爱将，他一生获得的所有功劳均为曾国藩奏请。因战功显赫，黄军门是著名的“沙场勇将”，与名士彭玉麟一起成为曾国藩的左膀右臂。但是两人最终却反目成仇，导致黄翼升被革职查办。

彭玉麟，字雪琴，从“雪琴”这两个字上可以看到他的文人风骨，当时朝野上下流传着一句：“彭玉麟拼命辞职，李鸿章拼命做官。”彭玉麟不知多少次上书求退，“臣本寒士来，愿以寒士归”。他自小家境贫寒，后来虽然官居一品，也仍然是小帽青衣，没有当官的派头。然举止安详，面容清癯绝俗，颇具名士风流。他喜画梅花，有“乱写梅花十万枝”的诗句。慈禧太后正是相中他的清高与孤傲，派他整顿水师——因为有人反映黄翼升“渐耽安逸，事多废弛”。彭玉麟穿件旧的灰布长袍，持根湘妃竹旱烟袋，在茶馆里等候这位昔日老友，黄翼升红顶花翎的坐着八抬绿呢大轿姗姗而来，气得彭玉麟立马起身，付了20文钱茶账，拂袖而去。后来彭玉麟在写给朝廷的整顿汇报上，对黄翼升的处理意见是“劝其自退”，算是给曾国藩留足了面子。

曾国藩是两江总督，李鸿章是直隶总督，这两个职位是举足轻重的要职，而黄翼升又是曾国藩的爱将，彭玉麟之所以敢在太岁头上动土，原因之一就是那个至今仍然迷雾重重的刺马案——那是清代四大奇案之一。这里必须交代一下案情背景：平定太平天国之后，闽浙总督马新贻接慈禧太后大恩人吴棠的遗缺，调任两江总督，升官的速度之快让人吃惊，在不到几年的时间内就由二品官升到了疆臣最有实力的两江总督，慈禧太后和清廷都有他们的考虑。镇压太平天国后，朝野上下传言曾国藩有野心欲谋取帝位。在与太平军作战时，清廷不得不倚重湘军。如今太平军被“荡平”，慈禧太后绝不允许曾国藩在江南坐大。南方卧着一只猛虎，不知啥时会咆哮如雷，让她睡觉也不安心。于是她把曾国藩调离江宁，派马新贻任两江总督，迅速裁撤湘军。对于马新贻，恭亲王推荐的时候说得明白：“马新贻精明强干，操守也好。他在安徽服官多年，对两江地方最熟悉。剿捻的大功告成，淮军裁遣回籍，要马新贻这样的人，才能把那些骄兵悍将，妥为安置。”

马新贻上任后不久，在总督府举行一年一度的总督阅射，这是江宁一大盛典：前有旗牌引道，后有众多护从随侍，骑兵列队，威武雄壮，这盛大场面允许百姓参观。就是总督阅射完毕转身回府衙之时，忽然从路旁人群中冲出一个老人，头顶状纸，大声喊冤。清政府有明令，地方官员遇到拦路喊冤的人必须接状，以示关怀百姓疾苦，所以大官外出，遇到拦路喊冤的人是常事。护卫人员接过状纸递给总督，马新贻正在一目十行看状纸，突然间又跳出一个 30 多岁的男子，手执四寸匕首，刀光一闪，便刺进了马新贻右肋，一阵猛刺，马新贻扑倒在地。护卫迅速上前抓住刺客的辫子，夺过匕首将其扭住。刺客并不逃跑，操着北方口音高声嚷道：“刺客就是我，张汶祥，大丈夫一人做事一人当。”说毕仰天狂笑，从容就缚。

针对刺客张汶祥为何要刺杀马新贻，朝廷查了又查，张汶祥供了又供，几番结案几番翻供，最后不了了之，至今仍然是一个谜。而围绕着这起著名的刺马案，案发几个月后上海就有人编成戏文上演了，一直到 2007 年香港导演陈可辛的《投名状》，仍然以此故事为蓝本。而案件的真相在众说纷纭中越发扑朔迷离，发展到最后，连史学界都不肯深究了。这方面最具代表性的就是台湾史学家高阳先生，他推论的结果认定幕后真凶是江南水师提督黄翼升。但是又有人反驳：第一，以马新贻的两江总督的身份，黄翼升就算有两个胆子也不敢刺杀马新贻。第二，马新贻被刺后，幕后主使者调用的力量绝非一个江南水师提督所能调动的。第三，如果真是他干的，就一个水师提督，那么当时慈禧太后马上就可以把他绑到菜市口，何必如此瞻前顾后，裹足不前。由此几点可以看出，黄翼升绝非幕后主使，他不过是某些人手里的一个走卒而已，真正的幕后主使应该是湘军的主帅曾国藩。曾国藩与黄翼升绝非一般意义上的上下级关系，而是通家之好。黄翼升的原配陈氏虽诰封一品夫人，却认曾国藩夫人为义母。曾国藩曾纳妾，所有的安排均由黄翼升筹办。也许慈禧太后对这一切早就心知肚明，但是因为摇摇欲坠的朝廷对曾国藩不得不器重，她也只好忍气吞声。最终曾国藩去世，朝廷终于拿黄翼升开刀。这次慈禧太后学乖了，不敢公然对抗湘军，而是派出湘军内部颇有正义感的梅花寒士彭玉麟，让他踏雪抚琴，以湘制湘。

我外婆是农家女，嫁给将门之子作妾

张爱玲在《对照记》中说："我外婆是农家女，嫁给将门之子作妾——他父亲是湘军水师，她大概是他们原籍湖南长沙附近的人。他们俩都只活到二十几岁，孩子是嫡母带大的。"张爱玲明确无误地提出外婆是农家女，并且指明是长沙附近的人。

张爱玲外婆是买来的农家女

黄翼升原配是陈氏，继配是余氏——也许是常年征战各地不便带家眷，婚后的黄翼升一直没有育子。张子静在《我的姊姊张爱玲》中说："直到灭了太平天国次年，他已经四十七岁，夫人才生下独子——我们的外祖父黄宗炎。"这一对父子一模一样，黄宗炎结婚后原配也一直不曾生育。黄翼升一直到1894年去世时，膝下仍无孙辈。黄宗炎的原配看着心里着急，亲自回到长沙为黄宗炎买了一个姨太太，这时候家里已有三房姨太太。

黄翼升去世时黄宗炎30岁，袭了一个官职：广西盐道，这是一个相当不错的阔差事，他很开心，带着新娶的姨太太走马上任了。可是因为水土不服，到任不久就染瘴疠去世，姨太太只好扶柩回到金陵朱状元巷的黄府。这时候黄府已经闹得不可开交，因为黄翼升一生做官，在金陵留下了大量房产和金银财宝。当时慈禧太后痛恨曾国藩也是事出有因：曾国藩统领的湘军虽然战功显赫，但是每到一地，烧杀抢掠中饱私囊，每一个湘军头领家中无不金银成山，像曾国荃、黄翼升、李鸿章的钱财更是多得不计其数，当然像彭玉麟这样只晓得画梅花的寒士除外。贪官们之间为了利益也通过儿女亲家结成利益链，除了黄翼升孙女儿黄逸梵嫁给李鸿章外孙之外，黄翼升与李鸿章家还另有两宗姻亲：一宗是黄翼升的四女儿嫁李鸿章之弟李凤章的八子李经湖。黄宗炎一房太太为合肥张绍棠的女儿，而张绍棠迎娶的正是李鸿章的妹妹。这枝枝蔓蔓的姻缘把他们紧紧缠绕在一起，无法剥离，形成一荣俱荣、一损俱损的裙带关系。

黄翼升身后留下的大量遗产让黄家叔侄们眼红得要滴出血来，因为在当时社会，女性是没有继承权的，将家产分给女儿，那就是意味着将家财分给别人家，这是他们无法接受的。黄宗炎走后，黄翼升的家产只能留给那些远房的子侄——这些乡里人很厉害，为了霸占财产，私下里商量要将这三位弱不禁风的女性赶出家门。族里长老宣布后，大太太才面色沉静地站起来，她也不是软弱无能之辈，她是湘军一个首领的女儿，自小见过大场面。她平静地说："财产是你们黄家的，我们三个女人也抢不走，早晚都要归你们，你们也别太急，让旁人看着难看。现在有一个情况你们可能不知道，三姨太有了身孕，这可能是黄家的种。我想你们也别太猴急，一切等孩子生下来再说。如果不幸生了女儿，我们三个马上卷铺盖走人，谁叫我们是这个命？到时再把家产给你们分也不迟，也不过就是几个月的工夫。黄家是黄军门，一向是湖南人高看的人家，别做出下作之事丢了黄军门的好名声。"几句话说得黄家子侄一个个龟缩着，不敢再轻举妄动——当然，她说得也实在是入情入理，没有任何把柄让人抓住。

后来有传说三个黄家寡妇闹了一出“狸猫换太子”的绝招，派出漂亮的二姨太把日夜把守的湘军兵丁勾引上床，结果暗度陈仓，在三姨太阵痛发作后生下了一个女孩，将一位外姓人家生下的男婴偷运进来说是双胞胎，结果男婴以黄家之子身份保住了黄家肥水没有流进外人田。这个传说基本上是乌龙，张爱玲说过，中国人是在一大堆人观看中来到人世，又在一大堆人观看中离开人世。黄宗炎三姨太生产时，黄家大院里里外外被人围得水泄不通，黄家子侄们就等着这一天，他们平心静气地倾听着产房里细微的响动，因为黄家巨额家产属不属于他们将在这一刻见分晓，男人们的虎狼之心早提到嗓子眼上，女眷们则全拥在产房里。三姨太在阵痛中死去活来，一个女婴就在她声嘶力竭的哭喊中来到人世，大家一看是个女的，哭声一片。大太太哭昏过去，她一心一意想要保住黄家家产，最终还是被别人瓜分，女佣们也是哭声一片。听说是女婴，外间的男人们却喜笑颜开，因为他们的梦想已成为现实。大家一声呼号，就冲进来向大太太要账本，房里顿时乱作一团，大家把产妇丢在一起，围绕着账本吵闹成一团糟揪打成一锅粥。小丫鬟听到产妇

张爱玲母亲黄逸梵的出生地

孤声一人在产房里惨叫，进来一看，惊呆了，三姨太太又生下一个婴儿在红漆踏板上，那婴儿的哭声洪亮，分明就是一个男娃。她尖声高叫：“又生了一个，是男的。”

这男娃就是张爱玲的舅舅黄定柱，这女娃就是张爱玲的母亲黄逸梵。

“官声不好”，却是帝师

谈到继母孙用蕃，张爱玲说：“我穿着继母的旧衣服，她过门前听说我跟她的身材相差不远，带了两箱子嫁前衣来给我穿。她父亲孙宝琦以遗老在段祺瑞执政时期出任总理，即在北洋政府也算是‘官声不好’的，不知怎么后来仍旧家境拮据。”“官声不好”“家境拮据”，张爱玲用两个截然相反的词语来形容大儒出身的民国总理孙宝琦。

据《孙氏族谱》记载，孙用蕃家这一支最早发脉福建惠安、乐安孙氏，是春秋时期齐景公赐将军田书姓孙，属于赐姓，先人有孙武、孙膑等军事家。后迁至泉州，传至二十三世时，出了个孙人凤。孙人凤中举人，是杭州城著名的塾师。其子孙诒经，字子授，清咸丰十年（1860 年）中进士，选翰林院庶吉士，太平军攻占杭州时，乞假归奉其母。同治元年起，与宁绍台道张景渠统率清军，在浙东镇压太平军。历任户部侍郎、内阁学士、翰林院侍讲、国史馆纂修等，三年后入直南书房，成为光绪帝师。

当时同为光绪帝师的有孙家鼐、翁同龢等名家，孙诒经一度专为光绪帝讲《中庸》。某日课完讲与皇帝在毓庆宫闲聊，忽然有同僚来找孙诒经有事。光绪帝看到他的同僚，胸口挂着一块闪闪发亮的东西，便问孙诒经：“那是什么东西？”孙诒经说：“是西洋表啊，皇上。”光绪帝再问：“西洋表是什么东西？”孙诒经说：“就是掌握时间的东西。”皇帝当即大怒，上前从他同僚胸口狠狠拉下西洋表，扔在地上："没有这东西，就不知道时辰吗？"孙诒经吃惊地看着光绪帝，不知道他的气因何这样大。过了几天，他又看到桌案上有一排小泥偶，全都是欧洲人种，光绪帝用小刀将他们的脑袋瓜子一个个统统削掉，嘴里说："杀尽洋鬼子。"孙诒经这才明白皇帝原来如此痛恨洋鬼子。其实宫中多的是奇形怪状的西洋巨钟，都是以前欧洲各国所进献，光绪帝不可能不知道，他这是明知故问，要表达的就是对洋人的仇恨。

孙诒经死于光绪十六年那场名震京城的奇怪瘟疫，那场瘟疫到现在仍然像个谜一样时不时被专家学者考证一番，但是同样又一无所获地搁置在霉味扑鼻的陈简旧籍中。说起那场奇怪的瘟疫不得不提到那年帝都奇怪的天象，据当时上海的《申报》报道："大雪以后，四野天低。一轮日黯，朔风不竞，饶有望云思雪之意，而连朝欲雪不雪，似烟非烟，一片阴霾，弥漫空际。且天时奇暖，不特河道未见冰凌，即沟壑之中，冻者半，未冻者也半，非天道自南而北，即寒暑之愆期。气候之不正也，或者恐酿冬瘟，不禁又切杞人之忧矣。"孙诒经的同事翁同龢也在日记中记道："晴，尚暖。俗云小雪封地，大雪封河，今大雪地犹如未冻。午忽雾塞，阳气不收之征也。未晴风起，仍不甚寒。"也就在这天傍晚，张佩纶则在《涧于日记》中这样记载："忽觉疲不支，饭后漱洗即枕，后胃气郁勃，起于腹中，上振囟门，下窜腰际，五夜不能合目，急起静坐，始稍敛摄。终不得半晌眠也。"次日延医视之，"投以疏散之品，不效"。李鸿章建议他服用金鸡纳霜，张佩纶"自知病伏已久，而发之猛，非中医所能治也。且疫气方炽，停留长智，非速攻不可。午后肚热，时作谵语，困甚"几天里，张佩纶连续服药，至廿九日热退病清，身体康复。

张佩纶患的是疟疾吗？有点像，因为他是服用了进口的抗疟疾特效药金鸡纳霜痊愈的。李鸿章相信西医，他建议女婿服用金鸡纳霜并不令人意外。张佩纶在日记中写道，他患病时，李鸿章“每日必陪医两次”。家住天津的张佩纶侥幸痊愈，住在京都的他的好友、工部尚书潘祖荫却在第二日发病去世。这时帝都瘟疫的传闻铺天盖地传出来，张佩纶急得不行，打听到许多同僚老友都犯了病，赶到京城去看诸位，包括孙诒经，“出西长安门问孙子授疾”，发现他“痰喘甚重”，次日便去世。张佩纶在日记中说：“七日之中两哭吾友，伤己，子授也谅直之友哉。”

其实不仅仅是张佩纶的好友孙诒经、潘祖荫去世，怡亲王也未能幸免。包括张佩纶曾经的“对头”彭玉麟和湘军同僚杨岳斌、河南巡抚倪文蔚、山西巡抚卫荣光、闽浙总督李鹤年、醇亲王奕譞、曾国藩的弟弟曾国荃与曾国藩的次子曾纪泽等都纷纷在这场突如其来的瘟疫中驾鹤西去。至于民间死去的百姓，更是成千上万。瘟疫如同一阵狂风，飞沙走石席卷而过，宫中一株苍老的槐树一时黄叶纷飞，一时老臣大臣如秋风中的黄叶一片凋零。

太后西逃，一天只吃一个鸡蛋

瘟疫过后，京都渐渐恢复往日的金碧辉煌，一切如常。有杭州城最著名的塾师祖父，有北平城里最有名的帝师父亲，孙宝琦自幼好学经世之学，在育才馆攻读英文和法文，成绩优异，毕业后在孙诒经的帮助下，弄了个直隶候补道，主持开平武备学堂，学生中有吴佩孚、萧治国等人，为他日后纵横政坛打下了基础。

民国总理孙宝琦

孙宝琦真正发迹在庚子事变之后，八国联军进攻北京，太后和光绪帝仓皇逃往西安，在军机处任职的孙宝琦护驾随行。由于他通晓英、法文，又精通电码，被指派办理军机处电报事务。当时，李鸿章正在北京和八国联军首领瓦德西谈判，两地函电频繁，他凭借惊人的记忆力，译电快速准确，受到慈禧太后和庆亲王奕劻的赏识。奕劻还主动向他提亲，想让自己的五公子迎娶孙家二小姐孙用智。孙宝琦吓得要死，慌忙说：“我怎敢把女儿嫁给你家公子？我办不起嫁妆呀？”庆亲王爽快地说：“别着急，我有办法，到时候我派人把东西晚上送到府上，新媳妇过门时再带过来即是。”女儿结婚时，果然按奕劻说的办，孙宝琦挣足了面子。不过这都是后话，当时他正陪着太后与皇帝狼狈不堪地逃亡在西去的路上。这一路上让他吃尽了苦头，因惧怕百姓认出也怕遭土匪劫杀，太后西逃并没有携带金银财宝，只是带了些散碎银子。并且太后、皇帝和宫中格格们全化装成平民百姓，坐的也是牛车驴车，一个个衣衫褴褛面呈菜色，不成人样子。衣衫褴褛不成人样这可不是装的，太后还头发蓬乱，穿着一件污痕斑斑的蓝布衣服，谁都不敢相信她是威仪天下的太后，就如同乡间一个无儿无女的孤老太太。连日奔走尘灰满面，有时候连口水也喝不上，好不容易找到一口井，正要打水却发现井里浮着个血肉模糊的人头。李莲英没办法，只好在路边打了些高粱秆子，让太后和皇帝嚼着高粱秆子吸些甜汁水。有时候晚上就在破庙里歇息，有时连破庙也找不到，就靠在麦草垛上躺一夜。夜里冷得不行，太后根本睡不着，孙宝琦看不下去，脱下衣服给太后穿。第二天啥吃的也没有，孙宝琦出京都时忍着饿留了几个熟鸡蛋，他悉数给了太后和光绪帝，太后手拿熟鸡蛋也不舍得吃，只是老泪直流。后来她三天就吃了三个鸡蛋，一天只吃一个。一直到第四天走到一个村庄，才向村民乞讨了一簸箕窝窝头，太后才头一次吃饱了肚子。这天天下着大雨，路上一片泥水，一行人在农家柴房里待了大半天，后来雨停了路上仍然一片烂泥，不能走。但是农妇看他们不走显然不高兴，怕他们招来兵匪殃及他们。太后和皇帝一商量，决定马上上路。可是一上路才知道，表面上看路面是干的，牛车驴车行驶，车轱辘上立马粘上大团大团泥巴，泥巴很快糊住了车轱辘。眼看着就要走不了，孙宝琦急了，马上上前用力推。随从们在孙宝琦的带领下一起用力推着太后与皇帝的驴车上了路。孙宝琦一直跟在太后车后，逢到车子走不了了，他便上前就推，整个人很快就成了泥猴，浑身上下到处都是泥巴。慈禧太后看在眼里，记在心上，她对光绪帝说："看到了吧？什么叫忠臣，什么叫奸臣，逃难的路见得分明。"光绪帝一言不发，只是默默地点点头。

一年后慈禧太后和光绪帝重回京都，孙宝琦开始平步青云，以驻法国及西班牙钦差的身份漂洋过海前往巴黎。他留心法国的政治制度，考察兵工厂和机器厂，随后向清政府上万言书，主张变法维新。其间，恰逢孙中山伦敦蒙难后抵达巴黎。一名满族留学生获悉同学王发科秘密参加了孙中山创办的兴中会，将孙中山骗到旅馆关押。孙宝琦得知后，通知孙中山赶快转移，并奉送一笔旅费，孙中山才得以脱离险境。回国后孙宝琦当上山东巡抚，民国初年又摇身变成了北洋政府的外交总长，最终在1924年年近六旬时两度出任内阁总理。走马上任后，他提出了一系列大刀阔斧的施政纲领，但是实施起来阻力重重。内外交困时时让他这个内阁总理举步维艰，各方势力的角逐又让他头痛欲裂，加上财政吃紧政局飘摇，他唯有辞职，离开了前后加起来任职仅半年的总理职位。离开北平赴上海闲居时，他两袖清风，连房租都付不起。房东是建造北海的工程师，因敬佩他的为人，手一挥说："算了，算了。"但是孙宝琦实在过意不去，将从国外带回来给女儿的两架钢琴抬去充抵房租。

豪门贵族，孙家的女儿大家抢

在张爱玲眼里，凡涉及继母孙家的，必定总是不好的。说孙家的“官声不好”也就是名声不好听的意思。她说孙用蕃与她的闺蜜陆小曼“都是吞云吐雾的芙蓉仙子”，抽鸦片烟。又说她与北平朱氏姐妹也交好，在这里她用了一个不知打哪里听来的口头禅：“赵四风流朱五狂”，看样子这朱氏姐妹在张爱玲眼里也不是什么好东西。但是另一种说法却是，两度出任民国总理的孙宝琦因治国治家均清廉严正，子女个个品行端庄，使得京城内的豪门大户争相与孙家攀亲，竟有“孙家的女儿大家抢”之说。孙宝琦的官场经历也证明了这一点，包括孙用蕃送给张爱玲的两箱旧衣裳，不是也证明了孙家确实清贫。连张爱玲都瞧不上的旧衣裳，他们也当成好东西来送人。孙用蕃当年打开箱子时就对张爱玲说：“虽然是旧的，料子却是好的。”

孙家入京都多年，家大业大，在京都显赫一时。孙宝琦也长得高大俊美，他的弟弟甚至被后人称为京都四公子。孙家的公子、小姐一大群，出门赴宴请或是上戏园看戏，呼啦就是一大群人，动辄就是车马成堆。蜂来蝶去、衣香鬓影之中，引人注目是肯定的。孙宝琦与著名的朝廷邮政大臣盛宣怀是一门“双份”的亲家。

一份是盛家最得宠的公子、四公子盛恩颐娶了孙宝琦的大女儿孙用慧；另一份是孙家的四公子孙用岱娶了盛宣怀的亲侄女、四弟盛善怀的独生女儿盛范颐。两家都是累世为官，而且都在京都做官，又都是南方人，生活习惯相近，于是亲上加亲好上加好。后来差点

孙宝琦和他的大家庭

又惹出第三份亲事来，即盛四小姐盛樨蕙的三公子邵云骏，看上了孙家大女儿孙用慧的大女儿盛毓青，一对年轻人很快就难舍难分。可是谁知后来邵家与盛家又打起了官司，大人们不开心，孩子们的交往也就受到了限制。后来官司又撤了，据说是盛家人买通摆平了此事。官司不打也就罢了，一对好姻缘也给他们搅黄了。

孙家的双份亲家其实不止盛宣怀一家，和民国大总统袁世凯也是儿女亲家，而且也是“双份”。孙宝琦的五小姐嫁给了袁世凯的七公子袁克齐，十几岁就订了婚；袁世凯的六小姐袁篆桢又嫁给了孙宝琦的侄子为妻。孙宝琦与袁世凯还是换帖的把兄弟，说起话来投机得很。孙宝琦家不仅与大总统是儿女亲家，跟许多皇朝贵族、京卿大吏也都是儿女亲家。他的二小姐孙用智嫁给庆亲王奕劻的五公子载伦；三小姐嫁大学士、总理衙门大臣王文韶的孙子；四小姐孙用履被皇帝近臣宝熙看中了，成了大甜水井胡同宝大人家的媳妇；五小姐嫁袁世凯的七公子。孙家三少爷娶的是民国副总统冯国璋之女，四少爷又娶的是盛宣怀的侄女。豪门串豪门，贵族加贵族，你中有我我中有你，全是自己人，所以孙家在京都鼎盛一时，大路通天。

孙家虽然显赫，但是因为孙宝琦清廉刚正，从不刻意积蓄私产，加上民国后多次辞官，家口又众多，经济上常常捉襟见肘。每次辞官离京，都是由他的朋友和旧属为之操办路费和行李。最后一次辞官南归故里，由于杭州的祖宅已年久失修不能居住了，况且当初从杭州出来只是孙诒经带着几个儿子。而现在却是老老少少外加仆佣50多人，那片小房子怎么也住不下。一时在故乡找不到这么大的一片宅子，马上建造也来不及。而就在此时孙宝琦突然又得了重病，无法行走。上海的大人物哈同得知，马上让出哈同花园让他们一家搬进来。哈同仰慕孙宝琦的名声，几十口子人一并住进他毫无怨言。后来孙宝琦一天天病重，也不能老住着人家的房子，一个老友找到了位于繁华的爱文义路上的小洋楼——这里正是北洋政府时期著名的汉冶萍公司上海办公地。孙宝琦当年在此参与过公司筹划，并出任汉冶萍钢铁公司和招商局董事长，没想到晚年的他竟然会在此终老一生。

孙宝琦的家眷

陆小曼的好友，床头挂着她画的瓶花

现在的北京西路就是老上海的爱文义路，就在原爱文义路静安寺起点处，一片逼仄空间里藏着一幢小洋楼，它就是张爱玲继母孙用蕃度过少女时代的老房子。

一个世纪的漫漫岁月悄然流逝，现在已无法重现孙用蕃在此度过的花季雨季。全家搬入小洋楼以后，孙宝琦虽不再做官，但瘦死的骆驼比马大，孙家的派头还是非同一般，只是家底确实已经空了，但是孙家还是死撑着，要面子。孙家姐妹嫁的嫁了，留在家里的老小姐孙用蕃过的是节衣缩食的苦日子。她和陆小曼一直是闺蜜，孙家搬到上海不久，正好陆小曼与徐志摩也移居上海，孙用蕃与陆小曼又恢复了来往。但是此时孙用蕃连外出消费的钱也没有，只好在家招待陆小曼。爱文义路离著名的百乐门歌舞厅并不远，走过去只需要几分钟，孙用蕃却一次没有去过。有时候和陆小曼坐在屋顶阳台上听着从百乐门传过来的歌声，歌女尖细的嗓子带

老上海爱文义路上的小洋楼，孙宝琦寄居之地

给她淡淡的惆怅。30多岁的老姑娘至今仍然待字闺中，连陆小曼也为她着急，替她介绍了好几个，都是高不成低不就，最后不了了之。当时陆小曼迷上了画画，一到孙家就铺纸研墨画画，后来孙用蕃一直挂在床上的那幅画“瓶花”，就是陆小曼特地画了送给她的。

在这幢小洋楼里住了多年，最后孙宝琦又搬到一个名叫“择邻处”的地方。孙宝琦一共有五房太太，每房姨太太的住处既独立又集中，既互不干涉又和睦相处，这是孙宝琦的治家手段，“择邻处”对他来说大有深意：孟母迁，择邻处——是中国儒家思想，也是孙宝琦的治家方略。这时候孙宝琦靠着汉治萍钢铁公司一点车马费再也撑不下去，他的生命也走到了尽头。1931年2月3日，孙宝琦病逝，前往孙宅吊唁的亲友达1000多人。段祺瑞、曹锟、颜惠卿、袁克定等政坛名流纷纷发来唁电，表示哀悼。当年的大总统徐世昌送来挽联一副，文同：“门多歇浦三千客，家少成都8百桑”，先将他比作一代名相诸葛亮，一生廉洁无私，身后只留下800棵桑树。又说他像战国时的春申君黄歇一样好客，门生故旧超过3000人。

到这时风云一时的孙氏家族开始风流消散，孙用蕃已经36岁，一个36岁的老姑娘再没有挑剔的念头，她遇到了张爱玲父亲张廷重，她嫁给了这个离婚的男子，并成为两个孩子的继母。她一定带着满腹委屈，一定有说不出的苦楚。据说介绍这份婚姻的是她的大哥孙用时，当时张家虽已败落，仍有19处房产，结果没几年时间通货膨胀加上坐吃山空，所有房产挥霍一空，只得搬到大律师吴凯声家在江苏路285弄一间10平方米的亭子间居住——285弄的老居民都记得那个举止高雅的老太太。张廷重去世的早，张爱玲对她没有任何好感，听说父亲再婚，第一个冒出的念头就是想将继母从阳台上推下去，一了百了。在她的印象中，所有的继母都是狠毒的，当然也包括孙用蕃，所以她与孙用蕃是天敌。张子静一直和她生活在一起。后来他去浦东乡下教书，孙用蕃长年孤身一人生活。为了省钱，她和邻居合用一个保姆，冲冲热水瓶，磨磨芝麻糊。她喜欢弄堂里的小孩，给他们吃蜜饯与糖果——当时她手头很紧，一直是靠变卖家产来维持生活。早先卖的都是吃价钱的老货，座钟、照相架子、裘皮大衣——都是老古董，因为太需要钱，就三钱不值两钱变卖了。

晚年的孙用蕃

离开爱文义小洋楼和择邻处之后，孙用蕃在上海各处老弄堂辗转迁居，最终落脚江苏路285弄那个狭小的亭子间——这里是大律师吴凯声的房产，吴凯声与妻子爱伦育有三子，其一为吴立岚——吴立岚娶了上海才子邵洵美之女邵阳，生下儿子吴征，吴征后来与著名主持人杨澜结婚，创立阳光卫视并出任总裁。当年作为上海名流的孙用蕃，晚年却不得不寄人篱下。爱伦早年见识过孙用蕃的美貌，“文革”中在老房子里与孙用蕃再度相逢时，她有点不敢认了：孙用蕃当时已经半盲，五官都移位了，眼睛上敷着怪怪的东西，用一点点余光看人，手里的士滴克（手杖）依然是老货。她讲话还是标准的北京话，非常标准，不是那种胡同串子的京腔，偶尔带几分苏州音。她走路的姿势也变了，像一只断脚蟹，也没有人扶着。她死在1986年，老邻居都记得那一幕：火葬场收尸的三轮摩托开来，旁边的车斗真像棺材，小孩子越看越害怕，只有一个俗称“大脚疯”的女人在哭，哭得像唱山歌一样，好像是在完成某种仪式。这个大脚疯是湖州来上海的娘姨，是孙用蕃与邻居合用的那位仆佣，她喜欢用篦子沾水，将鬏髻梳得溜光水滑。她的本名没有几个人知道，小孩子背地里都叫她大脚疯，她得过丝虫病，有一条腿很粗。

第二章／色 戒

如果情感和岁月也能被轻轻撕碎，扔到海中。那么，我愿意从此就在海底沉默。你的言语，我爱听，却不懂得。我的沉默，你愿见，却不明白。

——张爱玲

一个高调的女人：成名要趁早

用现在的话说，张爱玲是个高调的女人，而且是个自恋的女人。如果她有微博，她必定是个微博控，然后天天在上面玩自拍，一张脸微微仰起，用郭敬明的话说，就是："以 40 度的仰角眺望长满云朵的天空。"

很少有作家像张爱玲那样，一出生就是为了进入文学史，她的家世，她的爱情，她的写作——总之，她所有的一切全都是为了催促她、帮助她进入文学史。她自己似乎也知道她未来肯定要进入文学史，所以她说话做派全都是为了这一目标，比如她那些无人敢穿着的拟古式齐膝夹袍，那些前清式样的绣花袄裤，连老祖母压箱底的床单、家里沙发套、旧窗帘，统统拿来做成她那些宽袍大袖的奇装异服，然后穿着去见导演、制片人。见多识广的导演制片人也局促不安，面对如此出格的女人他们也没有应对

张爱玲一张很少见的照片

的经验。至于社会上的人，更是如同看把戏似的。她去参加婚礼，人们不看新娘子只看她。从小弄堂经过，小孩子追着她大呼小叫。甚至去印刷厂看大样，工人们因为围观她导致工厂停工。她要的就是这种效果，这是她刻意营造的场面，如果不这样引起喧哗骚动她会不安，会难过，会不好受。她一向是个高调的、喜欢炒作的女人，反映在语言上也是语不惊人死不休。

她姑姑说："一个人出名到一定程度，就有权利胡说八道。"此话一定对着张爱玲说出来的，她们如同母女在一起生活过太长时间，张爱玲了解她胜过她了解她。她刻意要这样说，她时时不忘记炒作自己，她这样说"人生是个苍凉的手势"，她的手势太张扬，太强大，像一道彩虹划破黑暗的天际。她后来穿着拟古式宽袍大袖招摇过市，我行我素地开始了一场轰轰烈烈的倾城之恋。这一切都不像真实的生活，太像表演。"人生是个苍凉的手势"，这手势其实是姿态，一种经过精心设计的姿态，说白了就是一种表演，要演给世人看——她说："我从小被目为天才，除了发展我的天才外别无目标。"她的身世，她的才情，她的爱情，包括她最后的死亡，每一处都是戏剧般经过精心设计。她知道她将来会进入名人史，所以她有准备有预谋地做出了这些惊骇世俗的举动，这些行为只是为了让后人写她的历史时更费一些笔墨。也可以这样理解，她才高八斗才气冲天，那股气在她胸中要风雷激荡，她就是被那股气托着飞出了三界之外，完全无视人间烟火。

当然，当时老上海外部环境也促成了张爱玲的目中无人：经济的繁荣、文化的包容、社会的开放，必然带来人格的独立、心灵的解放，也给女性主体意识的觉醒创造了前所未有的机遇，女性从身体到心灵的大梦初醒，便是从她们这一代人开始。所以我们看到20世纪30年代，当深山里女人像牲畜一样被任意买卖的时候，老上海的女人们却信奉爱情至上、自由万岁，从来没有哪一代女人像她们这样自由与独立——爱我所爱的情人，哪怕他是众口一词的“汉奸”，那是政治上的定义，与我的爱情无关，我的爱情就是发自我的内心，我的身体只服从内心召唤，在他这个多情的有才的文质彬彬的男子面前，我心灵战栗身体潮湿，我只想和他永远厮守在一起，平等、恩爱、和谐、感动——就像多年以后女诗人舒婷所吟咏的那样：

我必须是你近旁的一株木棉，
作为树的形象和你站在一起，
根，紧握在地下，
叶，相触在云里——

以张爱玲为代表的老上海女人就是这样，撇开个人的好恶应该说她们是了不起的，在空前丰足的物质文明下长大，讲究穿着打扮，信奉爱情至上、物质第一，她们蔑视权贵、崇尚自由，她们的写作绝不服从任何权势，只服从自己的内心。她们身上所折射的现代人格魅力光彩熠熠，所以张爱玲的一生我行我素，活出一个传奇——这种女人的发育与成长与老上海的文化氛围密切相关，甚至与她那个从旧家庭逃离、毅然挪动小脚出走海外的母亲黄逸梵也密切相关，她也是一位现代文明孕育出的新女性，与女儿很少在一起，却照样全方位地影响了她。这一对母女心灵里，都埋藏了自由的种子，种子既然已经埋下，肯定要生根发芽，长叶开花。

张爱玲爱上胡兰成：男人不坏女人不爱

张爱玲爱上胡兰成让张迷们很不爽，注意：是张爱玲首先爱上胡兰成，而非胡兰成爱上张爱玲。张迷们痛惜一朵鲜花插在牛屎上，叉腰跺脚痛骂胡兰成色迷心窍无耻勾引，恨不得将胡兰成从棺材里拖出来甩三耳刮子才解恨。可是他们不愿承认一个基本的事实：是张爱玲率先登门投怀送抱，还穿着一件桃红单旗袍，“桃红的颜色闻得见香气”，这是她的名人名言。那是头一次见面，甚至两个人都没有见面，一向不屑见人的张大小姐主动放低姿态、低到尘埃里去见一个汪精卫的小兄弟，还穿着一件“闻得见香气的”桃红色单旗袍，你这样子即便傻子也看得出来，更何况是一个见色则迷的风流才子，连她的姑姑也看不下去：“不就是去见一个小官僚吗?”那意思是你如此费精劳神地打扮自己，犯得着吗?对张爱玲来说，犯得着，当然犯得着，好不容易碰到一条大鱼，当然要舍得下鱼饵。

其实胡兰成头一次冒冒失失跑去探望张爱玲，并非猎艳顶多是猎奇。要说张爱玲，她善良不及唐玉凤、漂亮不如应英娣、温柔不及范秀美、清纯不及周训德、能干也不如佘爱珍，胡兰成还真的有点看不上她。苏青说“张爱玲不见人的”，他果然吃了闭门羹，只好从门缝中塞进纸条，表明自己身份。张爱玲看到态度马上大变，打电话主动要来看他——“权势是春药”，张爱玲说的一点没错，她被胡兰成的地位所吸引，飞蛾扑火不顾一切。第一次见面她就动了心，可谓一见钟情。出来时胡兰成歪着脑袋看了看她，开玩笑说：“你怎么这样高呢？这怎么可以？”

胡兰成的情史与他的官场经历是同步的，当年在杭州读书，追一个富家小姐如同“生手拉胡琴”，别扭又吃力，苦孩子要浪漫，自然浪漫不起来。后来又打斯家小妹的馊主意，被斯颂德很不客气“赶”出家门，跌了面子又失了分。但是现在今非昔比，小男人成了汪政府里“第五”，官场得意情场自然也跟着得意，早练就“爱情三十六计”，对付张爱玲这样的“无知少女”自然不在话下，“你怎么这样高呢？这怎么可以？”这是最高明的最智慧的撩拨，是对张爱玲主动示爱的回击，就是民间所谓的“见花不采三分罪”。既然你如此赤裸裸地暗示、引诱，我再不回应简直就不是男人了。胡兰成不愧是性灵才子，情场高手，他的回应是如此精彩绝伦，他的意思是：作为我的女人（是情人还是小三你张爱玲自己猜吧），你怎么可以这样高呢？这怎么可以？“只这一声就把两人说得这样近，张爱玲很诧异，几乎要起反感了，但是真的非常好。”胡兰成后来在《今生今世》里这样炫耀。他爱她没商量，巧妙的冒犯，唐突的定位，让张爱玲反驳都无处下口，她“几乎要起反感了”，但是她正中下怀，她没有拂袖而去，而是“真的非常好”，两人一个要穿鞋子，一个拿出了鞋拔子，一拍即合，一场倾城之恋就在上海滩华丽上演。都是张爱玲做的局，胡兰成刚说她某张照片好，她就将照片赠予他，还在背面题上字：“见了他，她变得很低很低，低到尘埃里，但她心里是欢喜的，从尘埃里开出花来。”明明已经爱上了他，却欲擒故纵，写信让他不要到她家

年轻时的胡兰成

来。胡兰成接到信“像接到一块石头”，但是胡兰成“也只端然地接受，没有神魂颠倒”。在他看来，这是意外收获，不拿白不拿不要白不要。及至后来，胡兰成亡命天涯，与范秀美在一起。张爱玲身体写作，很浪漫地冒着枪林弹雨千里迢迢去追夫君，这是她早就设计好的小说情节，还给他取名叫“张牵张招”什么的。胡兰成一看到她就来火，厉声斥责她：“你来做什么？回去，给我回去。”张爱玲却不生气，坐下来和他探讨是牛叫好听还是马叫好听。

一身旗袍、遗世独立的张爱玲

人们常说“男人不坏女人不爱”。确实如此，有人曾撮合张爱玲与桑弧结婚，她一迭声地回应：“别说了别说了别说了。”那意思是不可能不可能不可能，提也不用提，唯恐避之不及，就怕与他扯上关系。可是对象一旦换上胡兰成，情况马上不同，这里至关重要甚至是唯一的一个条件，就是胡兰成是个官，而且是个大官，张爱玲说过的，“权力是春药”，在权势面前她也如同吃了春药般。她出身没落贵族，害怕穷酸，她绝对不可能爱上一个穷书生——无论他多么风雅有趣，她不会爱上他。她与胡兰成一样爱慕人间繁华富贵，她有强烈的虚荣心，她与胡兰成那一段倾城之恋在上海滩张扬得人尽皆知，这是她有意而为，她既不在乎，也有借机炒作的成分。在她的眼里，爱情相当实际：要么有钱，有么有权。是她自己说的：“婚姻就是长期的卖淫。”是一桩买卖，这就是她的婚姻观。

文学爱好者：所有的写字人都是同行

我的兄长唐炳良说："撇开一切外在的不谈，张爱玲与胡兰成其实只是一对文友，这也是他们相爱的理由。"——这说法别开生面别有洞天，让我眼前一亮，千真万确，张爱玲和胡兰成确实只是两个文友，在一起谈论文学，享受文学，欣赏彼此的文学才华，非常美好。只是，文友怎么可能结婚呢？婚姻要面对更多的现实，这是文学无法解决的，文学只是精神层面的东西。

回过头来想一想，作为文学女人的张爱玲，其实她交友的一条准则就是文学爱好者，连胡适也不例外。张爱玲打小就捧着厚厚的《胡适文存》，看得很带劲。后来胡适校注的《海上花》以及《醒世姻缘》，几乎成了张爱玲的启蒙读物，奠定乃至拓展了她的文字空间和写作方向。张爱玲与胡适在一起座谈文学"如对神明"，完全可以这样说，胡适是张爱玲的文学教父。

早在张爱玲尚未出生时，胡适就以一篇《文学改良刍议》成为新文化运动领袖，一直到今天读来，这篇不算长的文字也根本没有过时，其中的"八事"现在读来依然切中时弊："一曰，须言之有物。二曰，不摹仿古人。三曰，须讲求文法。四曰，不作无病呻吟。五曰，务去滥调套语。六曰，不用典。七曰，不讲对仗。八曰，不避俗字俗语。"张爱玲"如对神明"是对的，她不可能如此高屋建瓴地俯瞰文学，她只会仰望。偶然，她也会说一些行内话："一切好的文艺都是传记性的，当然事实不过是原料，我是对创作苛求，而

张爱玲最温柔的一张照片，她母亲黄逸梵非常喜欢

对原料非常爱好，并不是尊重事实，是偏嗜它特有的一种韵味，其实也就是人生味，而这种意境像植物一样娇嫩，移植得一个不对会死的。”

仅仅从文学原创角度来说，张爱玲的成就并不在胡适之下，胡适严格来说不算一个真正的文学爱好者，他的兴趣太广泛，这边刚刚捧起《红楼梦》，那边又对制度开了腔：“牺牲你们个人的自由，去求国家的自由。我对你们说，争你们个人的自由，便是为国家争自由，争你们自己的人格，便是为国家争人格，自由平等的国家不是一群奴才建造得起来的！”

张爱玲的朋友全是文学爱好者，从苏青到胡兰成，从邝文美到赖雅，全是一群患上文学病的男人女人，老浪子赖雅病得最重——想当年青春飞扬的时刻，他在好莱坞也出尽风头，纽约著名的雷电华制片公司1936年发行的影片中，赖雅参与了3部影片的编剧。另外好莱坞七大制片公司中，赖雅起码参与了6部影片的编剧，这些剧本多半写于1931年到1942年之间，其中一部《世界、肉体、魔鬼》是由赖雅一人编剧，但直到1959年才由米高梅公司发行。此片阵容强大：黑人歌星兼影星贝拉方德、梅尔菲勒等出演曼哈顿被炸毁后仅存的几个人，看来这部影片是近似科幻片的灾难片。赖雅本人也至少有6部小说搬上银幕，只有其中一部《等一会儿太阳就要出来了，耐莉》不是他编剧——直到1946年，赖雅仍然出版了一部小说《我听他们歌唱》，据说这部小说现在哥伦比亚大学图书馆里仍然有，很多张迷会借来阅读，那本书就翻得有点烂了。

张爱玲的文学天赋受父母影响，她的父母都是文学爱好者，张爱玲最初的文学训练，完全来自于其父张廷重。这个不学无术的遗老遗少虽说抽鸦片养小妾，无所不能，但他却是一个典型的文艺青年，没事时喜欢站在空空的庭院吟咏古人诗作，“举杯邀明月，对影成三人”之事自然做过不少。而这一点与他的前妻、张爱玲母亲黄逸梵惊人的相似。黄逸梵会拿出书中夹的一朵干枯的小花向张爱玲诉说它的来历，说到动情处，母女俩忍不住同时落泪。即便到了国外，她也喜欢结交那些作家、艺术家。至于张爱玲的姑姑张茂渊乃至闺蜜炎樱，都是出口成章的才女，什么“非常非常黑，那种黑是盲人的黑”，什么“冬之夜，视睡如归”之类，不是文学爱好者绝无可能说出这样的话。也可以这样说，张爱玲从小到大就是生活在一群文学爱好者之间，张爱玲的家，其实就是一个文学之家。

幽谷芳草：沾到人就是沾到脏

张爱玲一生厌弃人世，她不爱任何人，包括自己的弟弟，甚至也可能是她的母亲——她有一句名言就是“沾到人就是沾到脏”。

为什么是“沾到人就是沾到脏”呢？难道世人皆脏唯我独净？张爱玲倒也不这么认为，她也承认自己是自私的，但是她的准则是我不欠你的，你也别想占我便宜。从小出生在阴暗霉绿的老宅子里，太太丫鬟老妈子一大家子老老小小，她见惯了太多的尔虞我诈，她不再相信任何人。这当然不是张爱玲的个见，很多人都有这样的看法，哲学家罗素也说过如此直白的话：“所有的人都是坏蛋。”罗素是男人，干脆以“坏蛋”来斥责人世间的肮脏人群，他与张爱玲算得上“英雄所见略同”。赖雅的亲身经历也证明了这一点：早年他在好莱坞大红特红时，结识了德国左派作家布莱希特。当时布莱希特尚未出名，但是才情过人的赖雅一眼看出布莱希特身上的冲天才气，两个才子惺惺相惜，成为莫逆之交。赖雅倾心尽力帮助这个流亡的作家，还出面担保让他在美国居留下来，并创作出一大批作品。当时的赖雅是

自恋的张爱玲

好莱坞最著名的大编剧，制片人争相出高薪聘请他，他每周的薪水至少有500美元，名气比布莱希特大得多。20世纪30年代的好莱坞是世界左翼思潮的大本营，在这里，赖雅成为马克思主义的忠实信徒，虽然他没有加入美国共产党，但是他对马克思主义有着狂热的信念。他大笔大笔资助布莱希特，和他合作了两个电影剧本，并且共同把《伽利略传》译成英文。布莱希特离开美国后，赖雅成了美国发行的布莱希特所有作品的代理人。在著名的德国"柏林剧团"成立时，赖雅又是唯一一位被正式邀请赴德成为永久团员的美国人。后来，赖雅落魄时布莱希特声誉日隆，直至红到无人不知。赖雅走投无路向他求助，布莱希特让他来到柏林，与他联手共同开创戏剧事业。赖雅信以为真，卖掉所有家当，孤注一掷来到柏林。可是没想到布莱希特连面都不见，派了个助手与他虚与委蛇，最后暗示他回美国。又气又急的赖雅在柏林实在待不下去，只好黯然神伤回来。即便遭到布莱希特如此对待，赖雅仍然不说他一句坏话，逢人只夸他的才情。知晓事情经过的人都夸赖雅。赖雅是老男人，他更看重才情，他不会说"沾到人就是沾到脏"之类的话，被人坑蒙拐骗的事他一生经历得太多，顶多只会嘿嘿一笑而已。

张爱玲不同，她是女人，再大的大女人其实也是小女人，女人的小心眼小伎俩即便在大女人张爱玲身上也不缺少，比如她在金钱上锱铢必较。母亲一度因为她经常伸手要钱而说过气话狠话，长大后她竟然问母亲养大她到底花掉多少钱，她一分不少要还清这笔费用。和父亲更是为了讨钱发生争吵，后来又与《万象》杂志因为1000块钱打起了官司，是他们先预付了张爱玲两个月稿费2000块。她说："寅年吃卯年粮，这样不好，还是一月一月结清吧。"他们就给她1000块，不知道为何账目上却没有改动，仍是记2000。后来她的《连环套》只登了6期，每期1000元，他们说她已预支了7000

元，要她再退回1000块。她这里正要说明原因，他们却在《海报》上公布了账目，并发表《一千元的灰钿》，坐实了这件事。张爱玲几乎气疯，却口说无凭。最后选择不予理睬，任你闹得山崩地裂，我只是横竖不理，只当作没看见，心里却对人性的丑恶看得更深一层。后来与好朋友苏青因为胡兰成反目成仇，胡兰成逃亡后，苏青写成长篇纪实小说《续结婚十年》披露她自己与胡兰成的床笫之欢，而且在小说中提到所有朋友熟人的名字，就是不提张爱玲。她的意思明确无误，胡兰成是我用过的洗脚布，你张爱玲却捡起来当洗脸巾。张爱玲看到后认定是对她的羞辱，后来在《小团圆》中也不提苏青的名字。

女人与女人之间没有长久的友谊，张爱玲与好友邝文美也如此。那时候在香港，寄居在邝文美家几个月，所写的剧本无一采用。赖雅在美国中风，她身无分文，生活把她逼到绝境。这几个月里她成年累月地穿着那几件从美国带来的旧衣裳，永远是一身短小得不合身的睡衣，那是邝文美不穿的旧睡衣，她一直这么穿着，生不如死地穿着，一如当年穿继母剩下的旧衣服。小时候这样，到老了还是如此。天气早已变冷，她迫切需要一件冬装，一件加长长袍，还有一副眼镜。算了一下总共需要花70美元，而且价格全是最低档的，她却没有办法能做到。一点办法也没有，只是麻木地没有希望地修改着那该死的《红楼梦》，就在这时偏偏眼睛又病了，吃人家的喝人家的住人家的还得向人家借钱看病，这时候邝文美的先生宋淇认为她修改的《红楼梦》是糊弄他和公司，张爱玲欲哭无泪。后来她所有的版权交给邝文美继承，大概是对她最后的补偿。她说过“沾到人就是沾到脏”。是她对人生最痛彻心扉的感受，她一生一直在远离人世拒绝世人。她把世人当作路边荒草，而世人却把她当作幽谷芳草。

女人局限：常把爱情当成天

张爱玲当然算得上一个大女人，但是女人的渺小与局限在她身上一样不缺。这话怎么说呢，就是说大女人其实并不大，大女人其实也是小女人，常把爱情当成天，她们总是对爱情投以朝圣的目光和全部的幻想，这注定是痴人说梦自欺欺人，最后从里到外满是伤痕，实在是自找。无所事事的小女人也就罢了，可能在潜意识里她们将爱情当作一项事业来经营。然而像张爱玲这样的大女人也视爱如同生命，就让人百思不解。几乎可以认定，女人的一生几乎无法成就大业，女人因为这样的渺小与局限注定不能成为参天大树。所以无论国外的叔本华还是中国的孔夫子，都把女人与小孩子等同在一起。

对女人一直想不明白，难道离了男人离了爱情会死吗？像张爱玲，笔下文字颠颠倒倒的全是爱情，心心念念想的做的也是爱情，她的那些妙言绝句，也大多与爱情相关，比如这句："也许每一个男子全部有过这样的两个女人，至少两个。娶了红玫瑰，久而久之，红的变了墙上的一抹蚊子血，白的还是'床前明月光'。娶了白玫瑰，白的便是衣服上沾的一粒饭粘子，红的却是心口上一颗朱砂痣。"比如那句："喜欢一个人，是不会有痛苦的，爱一个人，也许有绵长的痛苦，但他给我的快乐，也是世上最大的快乐。"再比如那句："我以为爱情可以克服一切，谁知道她有时毫无力量，我以为爱情可以填满人生的遗憾，然而，制造更多遗憾的，却偏偏是爱情。

阴晴圆缺，在一段爱情中不断重演的。换一个人，都不会天色常蓝。”

美丽园，当年胡兰成居住地

这样不可理喻的话只能从读张小娴、村上春树的小女生嘴巴里蹦出来，张爱玲骨子里就是不谙世事的小女生，她赌气、出气乃至撒气，全是一派小儿女情态。胡兰成最终选择离开她应该也在情理之中。她毕竟只是小女人，这个“小”并不是年龄意义上的。小女人要想满足胡兰成这样的老男人，还要在苦水里浸三把，滚水里泡三把，不脱皮烂骨，也就不可能脱胎换骨。针对张爱玲来说，她的名字中间还有一个“爱”字，爱的疼痛让她高度清醒，曾经她与胡兰成爱得惊天动地，谁不说她一朵鲜花插在牛屎上，可是这份爱只有她自己懂得。胡兰成亡命天涯，她忧心如焚，从来足不出户的她一路冒着枪林弹雨追到穷乡僻壤去看望。发现他去了温州，又迢迢遥遥赶了去，那时候胡兰成居住的温州，在她眼里像“含着珠宝在放光”。而胡兰成看到她前来，立马变脸大怒，几乎是翻脸不认人。在那样一个命悬一线的时刻，她竟然将胡兰成逼上梁山，要他在自己和护士小周之间作个抉择，这样的女人不是傻瓜蛋就是糊涂虫。也许爱到极致的女人不是傻瓜蛋就是糊涂虫，事后张爱玲想起来很是郁闷，才发出这样的肺腑之言：“外表上看上去世界各国女孩的地位高低不同，实际上女人总是低的，气愤也无用，人生不是赌气的事。”

人生确实不是赌气的事，关键是恋爱中的女人总是自己和自己赌气，然后被自己打败——综观张胡之恋，张爱玲情场败北与胡兰成无关，甚至可以过分地说，张爱玲的爱情也与胡兰成无关。张爱玲惯于想象，偶然的机缘她结识了胡兰成，她将她的爱情错觉或是幻觉强加在胡兰成身上，还涂抹终一层玫瑰色光晕：“于千万人之中，遇见你要遇见的人，于千万年之中，时间无涯的荒野里，没有早一步，也没有迟一步，遇上了也只能轻轻说一句：‘哦，你也在这里呀。’”她想象中前世今生的爱情，最后以千疮百孔收场，甚至还倒贴了30万元，算是补偿胡兰成的青春损失费。她说过这样的话：“能够爱一个人爱到问他拿零用钱的程度，那是严格的考验。”她没有主动提过要零用钱，所以她从朱砂痣变成蚊子血，也算是活该。

对于张爱玲这一类型的女人，爱情对她们来说就是伤害，老谋深算的男人，就是以爱情为借口来对她们的身体与心灵进行摧残，女人深陷其中无力自拔。其实像张爱玲这样的才女，目光虽然比不上B超，但是看破男人的小花招小伎俩还是可能的，她就这样说过：“男人若爱上女人，如发现了自己一直寻找的光环。光环的美丽让他陶醉其中，他为他献出了很多的温柔，女人被男人的温柔所感，义无反顾地把自己献给了男人，终于这个光环紧紧地套在自己的身上……”一词一句有条有理，脑子还没有化成一坛糨糊，为什么要飞蛾扑火般的投进有家有室的老男人的怀抱？是着了魔法还是中了蛊惑？也许不中魔法与蛊惑的女人不叫女人。还是老男人看得清看得远，傅雷化名迅雨批评张爱玲的那篇《论张爱玲的小说》曾让她火冒三丈，但是老男人说得多么好："这世界除了男欢女爱，终究还辽阔得很。"可惜，包括张爱玲在内的所有女作家全都听不见看不到，她们即便穿着高跟鞋去眺望，也只能望到男女间那一片狭小的小天地。

民国风气：做人都有一条底线

胡兰成一生起起落落，让我们见识到民国风气：做人都有一条底线。底线拦住人性、人道、人伦，拦住人圈住人不要向恶与罪的泥潭滑坡。那是胡兰成的青少年时代，尝尽漂泊与流浪，不管他无籍籍名还是功成名就，命运总是将这个孤家寡人推上天涯之路。命运的怪异也就在这里，总是让他在漂泊之旅相遇一个知冷知热的好女人，这是胡兰成的幸运，也是中国民间“人世有礼”的千古承传。

也是厌倦漂泊，也是诸事不成，胡兰成从京城回到胡村后，无所事事，最后来到杭州斯家，一住就是大半年。在人家家里白吃白喝没有任何理由，也就是厚着一张脸，换成今天，别说一年，就是一天或者一餐，也有可能混不到。但是在那个“人世有礼”的民国时代，只要胡兰成放得下面子，他就可以在人家家里白吃白住，如果不是他衣着故意惹出是非，他有可能年复一年住下去。现在想起来，真是不可思议。主人家并非不开心，反而对他以礼相待，第一天来如何招待，待了一年之后，最后一天仍然如此招待。而所有的殷勤招待，不过是看中他与斯家少爷斯颂德的同窗之情，也就是看中他至少是个读书人。对于诗礼人家来说，他们绝对不会做出有辱斯文之事，这是民国时代做人做事的底线。

斯颂德是胡兰成在杭州蕙兰中学时同学，如今进了光华大学，却因病休学在家。斯家老爷是辛亥起义发迹的豪杰，前三年去世，在时当浙江省军械局长，待人豪爽，好像家里有金山银山，身后遗

浙江诸暨斯宅村斯家小楼，胡兰成在此避难八个月

留下来的财产不过只有一家人力车公司，靠太太亲自经管，家境并不宽裕，并且已经改变成生意人家了，但这位太太凡事明白出手大方，依然是官宦人家的做派与风度。胡兰成说："太太待我像子侄，又是宾客，她家女眷在内院，我住的是前厢房，吃饭在客厅上，有时兄弟们都不在，也必由最小的妹妹出来相陪，宾主二人一桌。她名叫闾闾，才七岁，惟她是姨奶奶生的。我到斯家第一天是怎样的款待，住上一年也一点不走样。且我照他们兄弟姐妹的例，按月还有零用钱，二十角银洋，都是我不在时太太进房来放在我床前抽屉里。过年又有压岁钱，是两块银圆，红纸封包，放在除夕的果盘里由使女捧进来。"

斯太太细致体贴，体贴到怕当面交钱会令胡兰成难堪，只得趁他不在家，由女佣悄悄放在他房间抽屉里。如此相待，按说胡兰成应当感恩并且知足，可是，用他自己的话来说，"我偏要来出毛病"。

这回“出毛病”针对的是斯家小姐雅珊官，此时的雅珊官才 16 岁，在女中读书，性情刚烈，衣着打扮不染一点女娘之气。一日她在画堂前与胡兰成相遇，向他借小说看。胡兰成其实没有这部小说，就专为她去买了来，交由奶妈拿进去给她。如此往来二三次，他就存起坏心眼，虽然并未有事。“我是在她家这样的彼此相敬，不免想要稍稍叛逆。原来人世的吉祥安稳，倒是因为每每被打破，所以才如天地未济，而不是一件既成的艺术品。”但是这一切自然逃不过心事缜密的斯太太耳目，她仍然以她的行事风格，并不给胡兰成难堪，甚至也不说破，而是去信给在光华大学读书的斯颂德，让他规劝胡兰成。“忽一日，颂德从光华大学来信，只得短短的一句，要我离开他家。当下我只觉得自己真是不好，而且一时未有去处，但也人世于善恶之外，乃至于窘境之外，别有豁然。”是胡兰成自己不自重，奈何不了别人，他只得辞归胡村。斯太太仍然落落大方，什么也不说穿，还特地烧了一桌好菜为他设馔饯行。临别之际，另赠他 5 元钱作为路费。

胡兰成回胡村混了半年，无所事事。一个读了些书，又见了世面的年轻人，在封闭的乡下无论如何难以待下去，更何况胡村人时不时还说些风凉话嘲笑他，更何况外面的民国世界轰轰烈烈。他走投无路又不愿待在乡下，兜兜转转又来到杭州。在杭州他能去哪里？唯一能去的地方就是金刚寺巷的斯家。做人做到这样的厚脸皮，也只能是胡兰成可以做得出——对于这一点他自己也承认。其实每个人，即便他面子再薄，他也可以变得厚颜无耻，因为生活没有把他逼到那一步，到了那一步，再害羞的人也可以变得厚颜无耻。相对胡兰成来说，在骨子里他是个死要面子活受罪的人，但是生活不是他自己能安排的，他只能按着命运的安排去走，他无法选择。在内心他一定很悲伤，很难受。但是他已失控，他的心灵没有办法指挥他的身体，后来他说："斯伯母也毫无芥蒂，相敬重如故。梁元帝《采莲赋》：'畏倾船而宜笑，恐沾裳而敛裙。'原来人世邪正可以如花叶相忘，我做了坏事情，也不必向人谢罪，也不必自己悔恨，虽然惭愧，也不过是像采莲船的倾侧摇荡罢了。"

胡兰成重回斯家再一次寄人篱下，斯太太待他诚恳一如既往，这是斯太太做人的底线。她炒个青菜也精致，穿件衣裳也清爽，抽屉里的蜜枣她都一一数过，有时被女佣偷吃几颗她知道了也不说破，"因为人要面子树要皮"，她认定胡兰成是读书人，将来必有一天会"出山"。胡兰成也真的"出山"了，到萧山的一个学校去教书，斯太太替他高兴，为他制棉被做衣裳，派了人力车送他去。后来胡兰成真的出山又最终落难，这时候家道中落回到斯宅村的斯太太仍然一如既往地帮着他，让斯家小娘范秀美陪他去温州躲避，最后又安排他在斯家楼上避难八个月。

撇开政治角度不谈，我们从这些寻常百姓身上，看到民国世界不曾断裂的传统品格与人伦操守，那是人性中至诚至善的美德。

岁月的荡子：人杰何以成人渣

胡兰成其实是个苦孩子，打小吃了上顿愁下顿，结发妻子唐玉凤死在家中连棺材都买不起，借钱办丧却到处碰壁。一个叫成奎的曾经租他家房子开酒肆与药店起家的男人，家中富有，后来又以放高利贷为生。因为乡间有土匪，成奎才避居章镇。唐玉凤在家亡故却无钱治丧，胡兰成走投无路来到章镇成奎家开口借60元。成奎想也没想便一口回绝。胡兰成傻眼了，他遍读史书，不会不知道“卖身葬父”这个典故。生活，好像要逼着他卖身葬妻。他知道家中哭声一片，期盼他回家主事。但是他口袋里身无分文束手无策，他只好歇一歇脚，只是默然喝茶。就在这时候，“外面又来了二人，也是问成奎借钱的，借票写五百元，利息长年一分半，当场现款点交”。一切都发生在胡兰成眼皮子底下，他一气，站起身要走。成奎又务必留他吃了午

胡兰成家老房子一点没变

饭，“我想想还要走路，空肚是不行的，吃饭就吃饭。饭罢出来，我关照了四哥一声，就急急趱行折回俞傅村，一路上怒气，不觉失声叫了出来：‘杀！’”

一个手无缚鸡之力的书生，一次又一次吐出一个“杀”字，真是把他逼狠了逼急了。一双苍白、单薄、拿笔的手，让他杀只鸡还差不多，他能杀人吗？他敢杀人吗？他不敢。但是他绝望了，他崩溃了，他情不自禁地吐出一个字：杀——是杀伐，也是杀戮！是杀心，更是杀气！他没有办法，他失控了，他只能动手抢了。他返身回到俞傅村，“一到俞家，在檐头看见义母，我就说现在我要六十元去治丧。她不问也知玉凤已死，也自感慨，但是脸上一点不表示出来，却道：‘你也说话好新鲜，家里哪里有钱呀？’我说你拿钥匙来，她就把带在身上的钥匙掷给我，我开了钱柜，见有现洋七百，包做七封齐齐整整排列着，我打开一封，取出六十元，关好钱柜，交还钥匙，拔步就走。义母笑道：‘到底还是我被打败了！’说时眼圈一红，喉咙都变了，我也不答，管自出大门而去。’”

虽说他只敢杀鸡，这一刻却想杀人，被命运逼到死角，这死角让他比死还难受。后来为人处世性情大变，再后来他在那帮写千字文的丫头片子嘴里，他就成了“人渣”。一向以为，以胡兰成的才情，如果生在无锡钱家，必定就是钱钟书；如果生在徽州胡家，肯定就是胡适之。但是命运就是阴差阳错，就是七字碰到了八字，让他生在吃了上顿愁下顿的穷人之家，本来可以成为人杰的他结果却成了“人渣”。

这是无法抵赖的事实，毕竟在国难当头他行为不端，带着私欲与贪心在各种政治势力之间钻营，如同他在8个女人之间周旋一样。他没有自己的坐标与做人的底线，他唯一拥有的就是出人头地的渴望与功成名就的企图。本就是一个白面青衫、手不释卷的书生，偏偏要蹚那片浑水，结果一失足成千古恨，让晚生了半世纪的我一直替他扼腕叹息。我当然希望他能像钱钟书那样，不问世事埋首典籍，文人风骨成为坐标让后人仰望。我当然希望他能像胡适之那样，才高八斗一呼百应，精神领袖成为旗帜令众生追捧。但是胡兰成就是胡兰成，命中注定他不会成为钱钟书，更不会成为胡适之。他要在悬崖上扎根，他要在刀尖上跳舞，他只能走上一条“荒腔走板”（张爱玲语）的人生之路，他随波逐流，他与虎谋皮，他最终只能成为他自己笔下的“浮花浪蕊”。

初入日本，跪在榻榻米上的胡兰成

我一次又一次来到胡村，在春天，在雨中，胡村的桃花仍如民国初年那般灿烂，如同胡兰成在《今生今世》里描写的那样“难管难收”。隔着半个世纪的光阴看胡兰成，脱下政治的袍子来看胡兰成，看这个民国荡子对故乡的柔情与爱意——都是妖娆至极的文字，原来男人文笔也可以妖娆如花。拨开尘封的岁月，他一生就端坐在文字中，一生就是一个苍凉的手势，我能从中体会到一种沧桑之美，怪不得有人说过“其人可废，其文不可废”。我发现吸引我一次次前来胡村的，不是他的人而是他的文，是笔下远离尘世的胡村，那片高高的群山、潺潺的溪水、青青的农田还有艳艳的桃花。

世上人家：民国世界山河浩荡

胡村曾经是一个富裕的村庄，胡兰成家门前大石桥落成时，胡村的富足达到鼎盛。当时胡兰成祖父胡载元是村中大户，胡家开茶机，雇众多员工加工茶叶，每日账房先生和老师傅的工钱、伙食钱要用到上千文，其时猪肉价只不过一斤廿文。胡村大石桥一丈二尺宽，五丈长，也是胡载元当年带头捐款建造的，如今这座石桥依然耸立在村头，桥身上有石刻，上面可以找到胡载元的名字。

胡村在一夜之间阔起来，又在一夜之间衰下去。这一盛一衰并非无缘无故，它与中国近代史密切相关，与民国密切相关——所以胡兰成总是这样说："民国世界山河浩荡。"这一片浩荡的山河里，就是胡兰成笔下的"世上人家"。

时代总是向着文明方向发展，中国人在愚昧中睡得昏天黑地，欧美的现代科技一日千里。这是一个全新的时代，海路的开通让遥远的异域文明成为打开封闭国门的一把钥匙，航海技术的发展肯定要改变人们的生存状态和生活方式，并进一步改变他们的产业结构、心理人格甚至国家形态，就像互联网改变了我们的生活一样。而作为从希腊城邦制度发展起源的西方现代文明肯定要在一定的时候代替长安那种传统农耕文明，傍依大海的城市突飞猛进强烈扩张一点也不奇怪——这时候地理优势就起着决定性的因素，离胡村并不太远的宁波和上海都成了通商口岸，也包括近在咫尺的杭州。三个巨大商埠的经济文化辐射，更重要的是海外紧

胡兰成祖父捐建的胡村石桥

缺的丝绸、茶叶和可作油漆油墨医药原料的桐油，胡村都有出产，胡村人得地利之便开风气之先，进入了对外贸易的快车道，迅速富裕起来。那时候，胡村家家种茶养蚕，许多人家自设油车打桐油，产品经过商家商号的收集转手，输出海外。胡村开始变得富足，白墙黑瓦的漂亮房子，院落齐整，有旧式私塾有新式小学，书香人家也不止一户两户，这一切就是那时植下的根基。

胡兰成祖父胡载元就在这时候发家，他主建的胡村石桥也是在这时建造——胡姓落脚胡村前世今生 300 年，到此时是一个顶峰。胡兰成出世时，胡家已经慢慢败落，但他仍然看到一个辉煌的尾巴。那时候家中作坊完全停滞，父亲胡秀铭外出打工，由雇主变成长工，这是整个胡村缩影。胡兰成有时代替母亲到三界镇上讨钱，“茶栈里使人只觉铜钱银子像水流，场面开阔，百业兴旺，人情慷慨。他们都吃食很好，连老司务及工匠也每餐有酒，账房里尤其讲究，天天吃炖蹄膀，炖老鸭，江水里新网获的扁鱼、白蛤，火腿炖鳖，黄芽韭菜炒鳝丝，中国的商号与工场，虽在杭州上海，除了机器工业与银行等是伙食自理之外，皆是酒饭款待很体面的。新式的工场，银行与公司虽有俱乐部及外面的交际宴会也可以一掷千金，但寻常生活里总没有这样的慷慨。我小时每去茶栈见了父亲，又去街上买了东西，从渡头走回家，十里桑荫秧田，日影沙堤，就是脚下的地都是黄金铺的”。

当然，也不仅仅是一个胡村，整个四明山全都是富足的。“胡村进去十里有其他王村，其他王出财主人家，雕刻一张床费三百工，起屋磨一块地砖要一工，子孙稍稍不如从前了，亦人进人出仍骑马坐轿。”“其他王再进去三十里是芦田村，在山冈上，那里已是四明山，因有竹木桑茶之饶，亦出财主人家，那家与我家倒是亲戚。芦田王家的小姐名叫杏花，她到杭州读书，轿子经过我家门前大路上，在路亭里歇其他，我那时幼小，只会看看她，大家女子新打扮，我也心里爱意。不止我如此，凡是胡村人看着她皆有这种欢喜，竟是阶级意识全无，他们倒也并非羡慕或起浪漫想头，却因世上何处有富贵荣华，只好比平畴远畈有桃花林。”

世事总是因这样盛极而衰，随着丝茶桐油的外销受阻，胡村人主要收入来源减少，胡兰成儿时，胡村有二三十亩地的小地主只剩了两三家，自己有地五六亩、租种七八亩再兼做点生意的也不过两三家，这就算得上殷实之户。其余人家都是田亩不足、饭米不够的贫苦人家，须靠做短工、贩私盐等才得以维生。逢到节庆和家中婚丧喜事，多有借债典当的事发生。随着胡兰成慢慢长大，胡家开始破落不堪，到年底常见家中来人讨债，坐着不走，也不开口。胡村几十年即从兴旺发达到衰败破落，自己家中富不过三代，从日用一千文到过年被人逼债，少年经历在胡兰成心中留下深刻的印痕，他在青年时期研究马克思主义，主要动机之一，就是要解开胡村从盛到衰的社会原因。不管怎么说，毕竟祖上阔过，毕竟留下老底子，这份家底，隔着百年的光阴岁月，你现在到胡村仍然能看得到。

绝处逢生：在悬崖峭壁上站住脚

胡兰成多次绝处逢生，并非他是身手不凡的超人，只因为他是无所依傍的草根，生活是人生最好的老师，生活会把小男人变成了老男人，生活自然也教会了他背靠大树攀龙附凤，让他在悬崖峭壁上站住了脚、扎下了根。在残酷无比的生存面前，胡兰成这样的草根之子的生存能力不知道要比张爱玲这样的贵族后裔强多少倍。

胡兰成在胡村时因家道中落饭都快吃不上，别说读书求学，第一次攀附上俞傅村的大户人家春姑娘家，做人家干儿子，得到一笔钱才得以去杭州读书。每到放假回来，就到义母春姑娘家度假，好茶好饭招待他，为了定亲，并将几间房和一块竹园立下字据送给他。春姑娘收他做干儿子什么好处没捞到，结果胡兰成去广西，还将她送的竹园卖了做路费。之所以能去广西教书，靠的是表哥吴雪帆。但是读了几本书的才子自命不凡，不甘心一辈子做个教书匠，总想在山河浩荡的民国大世界折腾出一点动静来。但是对于手无缚鸡之力的小才子来说，枪是拿不动的，只好拿起笔，以笔作枪——结果在《柳州日报》上的几篇文章竟然让他坐了牢。无籍籍名地回到胡村，过上海时又攀上同在广西教过书的古泳今。古泳今在《中华日报》供职，向他约稿，几篇稿件被日本的报纸转载，经古泳今推荐，他得以进入《中华日报》工作。后来报纸停办，他的生活捉襟见肘靠借债度日，古泳今去香港办《南华日报》，胡兰成厚着脸皮死乞白赖地跟着他们来到香港，最后还是以曲意迎合的文章得到大人物汪精卫的关注，鸡犬终于升天，成为一条飞天游龙。

可是胡兰成没有想到，伴君从来如伴虎，还是因文惹祸，被汪精卫冷落。他开始与佘爱珍玩暖昧，目的是要接近上海滩黑道大佬吴四宝，同时又与日本人搭上关系，准备另立山头。汪精卫看透他的把戏，再度将他投入监狱，最后还是日本人救了他一命，派他去武汉办《大楚报》。他志得意满准备重开山河，不料日本人兵败如山倒，宣布投降。胡兰成梦想灰风烟灭，只好带着“日暮群鸡的荒愁”投靠到诸暨斯宅村的斯太太家，最终被范秀美带到娘家温州隐姓埋名住下来，并改名张嘉仪。

胡兰成在温州逃亡时的居住地：徐家台门

这是生死难料的逃亡之旅，胡兰成却不急不愁，他卖了戒指安排好他与范秀美的生活，开始向外谋求发展，甚至联系上废名与梁漱溟，并日日到温州图书馆看《温州日报》，最后将目光锁定在他下一个要寻找的靠山：温州文化名人刘景晨身上。一天在《温州日报》上看到一首五言古诗《饮酒》，作者刘景晨。他和了一首投给报纸，几天后也发表了。他想借机联络，却不敢到报社去问。偏偏那天经过一家裱画店，就看见了刘景晨的画。向伙计打听，问到了刘先生的住址百里坊世美巷2号。又从伙计嘴里得知刘景晨是温州第一耆宿，做过前清县长，民国初年曾为国会议员。还做过厦门大学教授，梅思平和国民党的将军邱清泉都是他的学生。历来温州行政专员和县长到任，总要先来拜访他。刘先生的学问也好，曾跟从孙诒让，一生阅历丰富，年轻时宦游四方，致仕后返归故里只好学问文章，儿子都在外独立，家中仅三个女儿陪伴。

温州有这样一棵大树，正是胡兰成急需的，但是他不敢冒昧登门拜访。半个月以后机会来了，报上登出刘景晨义助小学校经费，开办个人书画展。胡兰成到时前往，两人相识。因为和诗在前，刘老先生知道他是张嘉仪，十分高兴。他还告诉刘先生自己祖籍河北丰润，刘先生说丰润前朝有张佩纶，他称是先祖。刘先生说："这是家学有传了。"胡兰成明白，这就相当于认可了他，他说要上门拜访。隔了几天才登门，可刚刚坐定，刘老先生劈头就是一句："我这里平常不要年轻人来，因为如今这班人总是想利用。"一言道破胡兰成心思，让他大吃一惊，因为他正是要利用刘景晨。自那以后，他小心地算定日子，每隔十天半月才去刘家一次，而且绝不开口提任何要求。不久，刘先生来回访他，恰巧他人不在。刘先生未进屋，只站在门口与秀美母亲说了几句，又送了几包香烟给他。刘先生能来他这里，就是大功初成。在温州，谁人不知刘景晨啊？起码左邻右舍都知道他张嘉仪是个好人，因为，连温州名人刘老先生都亲自来拜访他。胡兰成就是这样一点一滴地接近了刘景晨，与他成为知己。一旦与这样的人成为知己，就不愁打不开人生困局。

最后的结局和他预料的一模一样，久历江湖，他的眼光独到而精准。通过刘景晨先生，他摆脱了孤独处境，结交了不少温州名流，其中有刘老先生最为赏识的夏承焘和吴天五。夏承焘此时在浙江大学任教授，听了刘先生的介绍，两人曾来秀美家看望胡兰成，又读了他的《中国之前身现身》书稿，认为是个难得的人才，于第三天到温州中学，拜会了校长金嵘轩先生，推荐张嘉仪为温州中学代课教师。

生活越来越稳定，现在又有体面的职业，而他的发轫之作《山河岁月》又越写越顺手，在温州这片人生地不熟的绝境他不但成功地站住脚，还开拓出一片新天地。后来胡兰成说："点香只点三炷半，有一炷就是感念刘先生的。"他说敬刘先生，是刘先生让他重新"学做小学生"，其实胡兰成不仅是从刘先生那里讨得学问文章，还有更重要的存身安全和谋生职业。新学期开学，温州中学给胡兰成送来了聘书，聘他做温州中学代课教师。在温州有了正式身份，他赶忙写信将这喜讯告知了范秀美。此时已是 1947 年秋天，他自隐匿身份、改姓换名逃亡已过了整整两年。范秀美过来，两人当即从破陋的秀美家搬出，入住温中的教员宿舍。他教的是国文，担任高中二年级班主任。范秀美陪他买了火腿茶叶，夫妻双双去刘先生家拜望。刘先生很高兴，如长辈对小辈般的和气，还递香烟给秀美。在如此人家受到如此礼待，范秀美很兴奋，回家路上说道："今天见了刘先生，我胸口头像有一股气饱饱的。"路上有许多学生经过，都毕恭毕敬地站着，叫范秀美为"张师母"，范秀美脸上笑出一朵花来。

时间一长，胡兰成感到小城温州显然不是他施展抱负的地方，他攀上梁漱溟就是瞄准了北京，他正是应梁漱溟之邀打算北上的。到上海看到气氛不对怕进了京就走不了，才仓皇出逃。先到香港投靠佘爱珍，再赴日本投靠池田。他一辈子就靠着他人，而他死后得以成名，靠的就是民国最当红的一代才女张爱玲。

命运之手：牵一发而动一生

1964年6月20日，第11届亚洲影展在台湾举行，香港电影界的两大巨头陆运涛和邵逸夫应邀出席观光活动，邵逸夫有事未能成行。陆运涛和新婚妻子及行政人员等共57人却在回程途中因飞机失事全部遇难。

赖雅看到这条消息相当吃惊，赶紧把消息告诉了张爱玲。张爱玲手拿报纸站在风中，半天回不过神来。命运之手就这样牵一发而动全身，动一生，一个发生在大洋彼岸的空难却把她的生活推向绝境，命运的沉重一击把她打得晕头转向，用她自己的话说就是“急管哀弦”，她与赖雅立马进入凄凉晚境，这是她自己无法预料的事。

原来张爱玲出国后除了偶尔很少的版税，主要的生活来源就是靠香港电懋电影公司的剧本稿酬。当时她的女友邝文美的先生宋淇是电懋公司的制片人，在公司说话有一定的影响力，从1956年开始，她一口气为电懋公司写了十来部剧本：《情场如战场》《人财两得》《桃花运》《六月新娘》《温柔乡》《南北一家亲》《小儿女》《南北喜相逢》，一直到后来的《魂归离恨天》。

老上海风华绝代，它的华丽底子被香港接了过去，这个傍依海边出售香料的小港口承接了上海的声色与靡丽，所以它才芳香扑鼻一红惊天。少年张爱玲一直在上海与香港之间摇摆不定，当她决定离开上海滩时，香港接纳了她，从文脉到人脉——香港的文化人大多来自内地，主要来自上海。来自上海的文化人谁不知道她张爱玲？

所以张爱玲的作品在香港最有人缘，张爱玲谙熟小市民的悲欢离合在香港也最有市场。电懋公司老板陆运涛是马来西亚锡业大王之子，在英国剑桥大学修读文学和历史，后来还成为知名的鸟类学家和鸟类摄影家，1940 年回到新加坡接管父业，与当时邵逸夫创办的邵氏影业成为香港影坛的两巨头。陆运涛之死不但改变了许多人的命运，也将编剧张爱玲的晚年完全改变。

这样的事情其实在每一个人身上都会发生，作为作家的张爱玲与时代、政治结合得更加紧密，她的感受会更深一层。当年的香港沦陷中断了她的学业，逼着她走上以笔谋生这条路。后来的上海陷落又成全了她，一个孤岛上海，你方唱罢我登场，各方势力争夺政治控制权，文化这一块反而放松管制，这一条夹缝中长出来张爱玲这根豆芽菜就自然而然。往前，左翼势力浓厚，大家云集，张爱玲这样的小女人即便长出八个脑袋也冒不出来。往后，新中国成立，张爱玲因为与胡兰成的关系估计也很难有立足之地。所以正是孤岛时期给了她几年的时间让她一红惊天。

张爱玲自己说得妙：“普通人的一生，再好也是桃花扇，撞破了头，血溅到扇子上，就这上面略加点染成一枝桃花。”只是张爱玲这一枝桃花很特别，它会长开不败。

气场打通：张爱玲再红上海滩

1947年7月，胡适在美国密歇根大学发表演讲，他说："自由与奴役的冲突，是由宪法组成的政府与专制独裁的淫威的冲突，是人民自由开明的意志的表达与对政党及领袖无条件盲目服从的冲突。"为了进一步说明自己的观点，他列出了专制制度二十条标准：废除纯粹寻求真理的科学与学问，控制一切艺术文化，等等。在相当漫长的时间，我们不知道中国有个胡适，更不知道还有个张爱玲，他们对我们来说是不存在的——毫无疑问，他们遭到了封杀，就像张爱玲在一篇小说《封锁》描写的那样：封锁，封住锁住，人为地设置一些障碍或森严壁垒，让你从我们这里通不过去。张爱玲对这一切心知肚明，她离开中国大陆时与姑姑相约，为了保证彼此安全，此生不再通信，甚至她都没有告诉她唯一的弟弟她要走了，并且永不回来。一直到40年后，她才与姑姑通了有限的几封信。中国大陆方面邀请她回上海看看，她拒绝了。作为一个为人不齿的"汉奸臭婆娘"，她其实一直活在老上海时代，她离不开那些旗袍与摩登、报刊与电影、汽车与洋房、作家与明星，那才是她的土壤与空气。

与众多死里逃生的作家相比，张爱玲所受到的批判是小巫见大巫——其中的原因多半是，张爱玲只是个纯粹的小说作家，她一向躲避政治，即便爱上个把汉奸文人，也纯粹是爱情天地间的儿女情长而已。后来被彻底封锁让她在上海人的记忆中消失，是最稳妥的办法，犯不着对她组成全国规模的大批判。更何况她早早离开了中国大陆，中国大陆即便挖了她家祖坟，但是总没办法将她从美国揪回来批斗。从这一角度来说，她还是有远见卓识的，最起码少受了皮肉之苦和精神折磨。在文化上的封锁是不可能长久的，可以封锁一时，但绝不可能封锁一世。撇开制度上的差异不说，仅仅从物质层面上来说，我们当下已接近或超越老上海时代，一股强大气脉越来越强劲、越来越疏通：比如经济的开放导致人们生活水平与文化水平全面提高，生活富足、知识充裕，使得一大批白领阶层迅速成长，讲究穿着打扮、享受物质带来的快乐与满足，对爱情有着我行我素的追求，对自由的追求与渴慕也与父辈们完全不可同日而语，这一切正是他们认同张爱玲的文化背景与心理基础。这一群人的存在是社会开放的结果，而他们的成长、壮大也必将导致社会进一步开放、包容。这样一来，从社会层面上开始慢慢接近、靠拢包容、多元的老上海时代，一股气脉从老上海时代呼啸而来，将两个不同的时空完全打通，一些代表性的人物，如张爱玲或胡适就慢慢浮出水面，并为人们所接受。这是历史潮流所向，也是人心所向。另一个重大原因是，一个作家的生命其实是有定数的，他创作的作品刊登在杂志上或收藏在图书馆里，也是有定数的。许多著作曾经红极一时，可现在它们早已灰飞烟灭。而张爱玲被“封杀”半个世纪，最终仍顽强地浮出水面，这便是精神的力量、文化的力量。

第三章／海 派

上海人是传统的中国人加上近代高压生活的磨炼，新旧文化种种畸形产物的交流，结果也许是不甚健康的，但是这里有一种奇异的智慧。

——张爱玲

自由写作：史无前例的谋生手段

张爱玲毕业后没有外出找工作，而是理所当然也不容置疑地选择了一种前所未有的职业，一种划时代的职业，一种里程碑式的职业——如果要给它起个名，这便是：自由作家。用现在的眼光来说，也可以说是自由撰稿人。

一个时代的影子总是清晰地反映在人们的谋生方式中，比如古代的采诗官——每天的工作就是深入偏远乡村，摇着木铎请人们出来吟唱歌谣，这是一份相当浪漫的工作，走村串乡不是为了贩卖小商品，而是收集歌谣，他往村口老槐树下的大石碾上那么潇洒地盘腿一坐，将手中木铎叮叮当当那么一摇，男女老少会冒出一大帮，然后有人就会为了几文小钱唱上那么几首歌谣，被采诗官们用小刀刻在竹（木）简上，最后被带入宫中。这份职业后来失传了，也可以说被淘汰了——据说《诗经》就是采诗官的劳动成果。比如张爱玲时代老上海一种职业：粪霸——粪便在城市是无用的废物，在农耕时代的乡村，它被称为宝，粪霸控制着城市的粪便

淘粪工在一些老弄堂偶尔能看到

收集，张爱玲笔下的“黎明时的粪车”来收粪，每户人家每月收费2角，粪霸收集粪便后再兑水，然后以每车2元的价格装船卖到乡下。两头都盈利，这是暴利行业，大多为杜月笙、黄金荣等流氓大亨所垄断。同样，随着抽水马桶和下水管道等现代文明的市政建设，“粪霸”这样的职业便失去生存土壤，消失了，而像张爱玲这样以自由写作为生的全新的职业文人开始出现，它标志着中国开始进入现代文明。

老上海时代的《大美晚报》号外

像张爱玲这样四体不勤五谷不分手无缚鸡之力的人，她去外面很难找到工作。当然她有文化，可以去公司做职员、去学校做老师，但是从她孤芳自赏拒人于千里的个性看，她到一个单位也绝对难以立足。她最好的最合适的职业，就是写作。当然，对于一个喜爱写作的人来说，能有闲情逸致自由自在地写作，那是多么幸福的事——首先它需要一定的经济基础，所以从古到今，凡搞写作的文人大多清贫，因为为文几乎不可能给他带来富足，游山玩水、吟春悲秋，几首小诗，几篇短文，那是朋友间用来唱和的，是不可能给他带来利润的。当然也有“润笔费”之说，那只是少数人的特例，因为从社会层面上，没有机制让一种“卖文为生”的行为成为生活常态，所以也没有文化人想过以这种方式来谋生，所以他们都是奔仕途而去，落第之后便成为草民，泯灭草莽。但是到了老上海这个全新的时代，以文谋生则成为可能，这背景是一个高度发达体例完备的现代意义上的大都会，它在中国的长江入海口海市蜃楼般的神奇出现。在数千年梦魇中生活得太久的中国人，眼睛已经完全适应了黑暗，那种伸手不见五指的黑暗像一缸老酱坛子，将中国无数颗鲜活的心腌渍成老酱瓜。鸦片战争后，西方列强用中国人敬神祭祖的火药，轰开了那扇关闭太久的沉重国门，太平洋上的浩荡飓风呼啸而至乘虚而入——是民族的屈辱，也是再生的动力，是两种文化的嫁接，也是两种文明的交媾，仿佛天雷勾动地火，这一切就发生在我脚下这片上海滩上。于是，宽敞马路开出来了，摩天大楼造起来了，中国人完全陌生的现代文明全方位海啸般扑来：电灯与电话、洋房与沙发、雪茄与香水、明星与舞女、爱司头与高跟鞋、百乐门与爵士乐、霓虹灯与留声机、跑马场与电影院、狐步舞与威士忌、时装剧与夏时制、电梯公寓和《大美晚报》、印度仆人和法国厨子、茅盾的《子夜》和鲁迅的杂文、好莱坞电影和巴黎流行色、勃朗宁手枪和法兰绒猎装、雪铁龙汽车和章回体小说、美女月份牌和美丽牌香烟、分红式保险和助学式贷款——面对这样一个五彩缤纷的全新时代，千奇百怪的新职业自然也应运而生，张爱玲的自由写作只是其中之一，在这一份职业背后，是一个不同于以往的全新的世界：世界上最先进的印刷技术，成千上万家各类报纸杂志，完备、现代的邮政发行系统，大量的有知识储备、起码也是识文断字的读者群体——因为置身这样的文明世界，对知识的需求与永不满足，极大地刺激了人们的阅读兴趣，巨大的潜在市场诱惑着资金的投入，使得书报出版业以一种空前膨胀的态势出现在人欲横流的上海滩，并将它从一个傍海的闭塞的农耕小城推向一个八方来风的现代包容的国际大都会，

张爱玲的闺房

以张爱玲为代表的有史以来中国第一代自由撰稿人才应运而生——万事万物都是应运而生，而一旦逆运，便不可能出现、发生，这是天地定律。自然而然的，张爱玲出现了，如同一弯月亮，高高地悬挂在老上海的夜空。

全新职业：第一代畅销书作家

中国第一代自由撰稿人在老上海出现，第一代畅销书作家也是在老上海出现，我手头没有资料证明张爱玲是否是中国有史以来第一位自由撰稿人或第一位畅销书作家，但她起码置身于中国有史以来第一批自由作家和畅销书作家——张爱玲们的出现，也是古老中国进入全新现代文明的一个体现，张爱玲身上所折射出的意义有时候可能要大于她的作品本身。石康说："张爱玲是一个伟大的女性。"张爱玲是伟大的女性吗？如果从这一角度来说，为什么她不是？以稿费为生——张爱玲们就是第一批吃螃蟹的人。

印刷术很早就在中国出现，明清小说话本也早已在民间流传，但那多半是文人雅士附庸风雅的爱好，写小说、搞戏班、收藏古书、设计园林——是他们喜爱的活儿。那个时候不可能出现畅销书作家，社会封闭如枯井，刻字印刷让一本线装书毛边书贵比黄金。再说山高路远羊肠小道，一辆牛拉破车吱吱呀呀，都不可能催生一种畅销书业。更何况知识的垄断让读书成为富家子弟的专利，遍地文盲让知识传播只存在于少数特权阶层。

老上海在大海之滨长江尽头崛起，如同一座灯塔，一个现代文明的都市，它显著的标志就是文化的普及，大量的公司职员、产业工人乃至众多市民，全都是文化群体，紧张工作之余，阅读是他们消遣乃至主要的消遣方式，大量为市民写作的作家便应运而生——他们主要为遍地开花的市民类小报写连载小说，很多怀抱梦想的各

当时刚刚建成不久的外白渡桥

地文学青年纷纷如过江之鲫般进入北平、上海等浮华都市，如沈从文、张恨水等。沈从文初到北平很苦，租住在一个冷如冰窖的小屋子里，常常饭都没得吃，到慈善院偷几个包子果腹，到图书馆蹭点白开水喝。他在上海亭子间卖文为生时，因为愁着下个月的生活费，一写就是一个通宵，写到鼻血大流也不能停歇。张恨水也在老上海居住过很多年，做过编辑，写过连载小说——和沈从文不同的是，他绝对是畅销书作家，甚至许多报纸就以他的连载小说作为卖点，多的时候他一天为 7 家报纸写连载，甚至有印刷工人连夜守在他家屋外等候，稿子一完工，马上接了就往印刷厂赶，次日一早，这些散发油墨香的报纸就出现在市民餐桌上。

张爱玲和张恨水一样是畅销书作家，她的《流言》和《传奇》当年在上海滩风行一时，据说小说集《传奇》上市仅 4 天就销售一空，工厂里工人连夜赶印。当时印刷图片的机器还用脚踏，无数工人拼命踩踏，脚都踏肿了。张爱玲看到满大街书店书报摊上全是她的《传奇》，得意得飘飘欲仙，忍不住自己也跑到书摊上买一本，然后故意装作无意的样子问：“这本书卖得还好吗？”她在第二版的自序中毫不掩饰地说：“呵，出名要趁早呀，来得太晚的话，快乐也不那么快乐了——快，快，迟了就来不及了，来不及了。”她的判断力敏锐而准确，她知道快乐是那么短暂，像烟花一样一闪而逝，所以她要迫不及待抓住这片刻的欢娱，享受成功所带来的一切，完全不顾及其他。当时与她一样齐名的还有女作家苏青，苏青当时红极一时，她是一个独立的女性，某次伸手向丈夫要钱家用时，丈夫抬手就给了她一巴掌：“你也是有文化的人，为什么你不能挣钱养活你自己？”苏青被逼无奈走上职业女性的道路——其实这份职业就是和张爱玲一样做职业作家，靠稿费为生。苏青出版过畅销书《结婚十年》，大量的性描写让无数读者趋之若鹜，这给苏青带来滚滚财源。有一年过年，苏青手头拮据，怎么办？看到家中仍存有一批《结婚十年》，本来是作留存用的，现在手头没钱过年，便卖书吧？她当即叫来一辆黄包车，装了这一车书送往大街小巷各处书报摊。当时正值雪后，天冷路滑，黄包车翻倒，“书又掉下来了，《结婚十年》龙凤帖式的封面纷纷滚在雪地里，真是一幅上品的图画。”这是她自己事后的回忆，尽管非常不易，但是职业作家就是靠一支笔养活了自己甚至孩子——而这些职业作家很多都是

张爱玲当年出版的《传奇》在老上海风行一时

女性，这就更加了不起。女人靠自己吃饭应当自豪，尽管有时候想起来有点心酸。苏青曾说："我家里的钉子每一根都是自己钉的，可这又有什么值得骄傲的呢?"

1952年，张爱玲一如黄鹤般的离开上海，政体的改变让自由作家绝迹，作家们无一例外地成为国家的宣传员。一直到20世纪80年代，社会开始逐步开放，一股老上海气脉才慢慢得以疏通。这股强大气脉最终在上海新一代职业作家卫慧、棉棉身上复活，这样的时代开始接近老上海时代，尽管差距很大，毕竟慢慢接近了，所以她们就成了新一代的张爱玲与苏青。

在时代的夹缝中：像一片飘零的叶子

印刷技术的突飞猛进，书本的普及，让阅读不再只是少数特权阶级的专利。当时生活在老上海的人们是有福的，特别是在文化阅读方面。那是一个崇尚阅读的时代，人们在惊喜之余贪婪地阅读着，沉浸在一种新奇的快乐体验中。

在老上海，几乎只要是有文化的家庭，订阅报纸杂志是司空见惯、习以为常的事情，这在从前的中国是不可想象也是不可思议的。张爱玲和母亲抢着读老舍的连载小说《二马》，连上洗手间的片刻时间也不肯错过，一边读，一边坐在马桶上咕咕笑。张爱玲急得不得了，就守在卫生间门前，也跟着笑，知道母亲是读到精彩段落了。她和她的那些表姐表妹们一见面就骂一个连载作家，因为他的小说实在太烂，但是一边骂一边读，否则昏昏沉沉的午后，那些漫漫无涯的光阴该如何打发？张爱玲在阅读了大量书籍报刊之后，很自然地就提笔写作，她想要她的文字也能成为书籍报刊被广泛大量地印刷，这是相辅相成的，也是历史进程的必然。张爱玲的出现虽然是偶然的，但是谁能说所有的偶然不全都是一种必然？

现代文明进入中国是以“丧权辱国”为代价的，是以《南京条约》等一系列不平等的条约为切入点，中国人委曲求全忍气吞声，无可奈何地开出一条门缝让上海人称为小赤佬的洋鬼子进入。由于当时特殊的政治条件，上海成为一个所谓的“孤岛”，“孤岛”的畸形繁荣让它成为后世中国人不可磨灭的摩登影像，张爱玲的霓裳倩影就在这一片华丽缤纷中闪亮登场——这是一个特殊时代的特殊时刻，也可以说它是最为平常的一个年代，看你从哪个角度去看。要我说来，所有的年代都是特殊，没有哪一个年代与另一个年代雷同，事实上每一代人都生活在时代的夹缝中。柯灵先生说："我扳着指头算来算去，偌大的文坛，哪个阶段都安放不下一个张爱玲，上海沦陷，才给了她机会。日本侵略者和汪精卫政权把新文学传统一刀切断了，只要不反对他们，有点文学艺术粉饰太平，求之不得，给他们点什么，当然毫不计较。天高皇帝远，这就给张爱玲提供了大显身手的舞台。"柯灵的分析很有道理，如果张爱玲早出道几年，也未必成为张爱玲，20 世纪 30 年代的文人龙腾虎跃龙飞凤舞，一个文学新人很难出现，即便出现，也难有一枝独秀的风采。而如果晚出生呢？上海已经解放，像张爱玲这样的遗老遗少可能也难以有什么作为，所以时代就给了张爱玲两三年时间，让她像一根豆芽在时代的夹缝中生长，就像她自己在《倾城之恋》中写的："在这不可理喻的世界里，谁知道什么是因，什么是果？谁知道呢？也许就因为要成全他，一个大都市倾覆了，成千上万的人死去，成千上万的人痛苦着，跟着是惊天动地的大改革……"朝代的更迭、上海的陷落就这样成全了她，也造就了她的传奇。

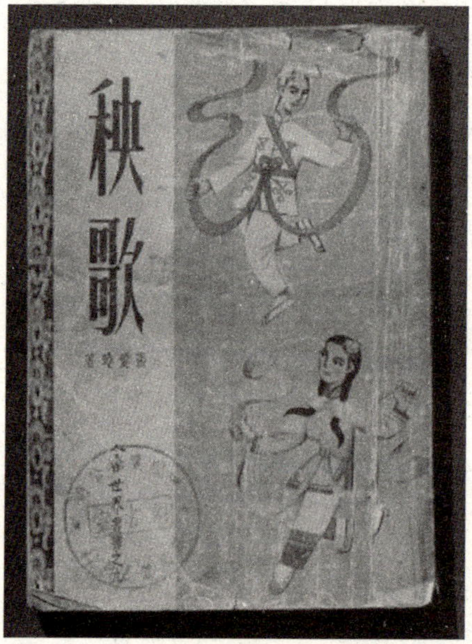

张爱玲在香港出版的小说《秧歌》封面

张爱玲的传奇并没有延续下去，来到美国后，一度她也想东山再起，像从中国来到美国从事写作声名鹊起的大家林语堂那样，能写出轰动一时的名作《苏东坡》或《京华烟云》。她也曾努力过，写过反映农村生活的长篇小说《秧歌》与《赤地之恋》，甚至为了写一部《张学良传》跑去台湾采访，信心十足地要将它打造成《传奇》或《流言》式的畅销书。但是美好的梦想终究没有变成现实，随着赖雅一次一次中风，她甚至连最起码的采访都没有完成，放下手头的一切，一心一意照顾病中的赖雅。赖雅去世后的 20 年，她彻底告别世俗离群索居，过起了隐居生活，一贫如洗两袖清风——在那个遥远的国度，在那个东西方文化形成的“夹缝”里，她像一片飘零的叶子，只有等待枯萎。她的一生一直苟延残喘地生活在时代的夹缝中。

爱情至上：易卜生的娜拉要出走

经济上的独立必然带来人格上的独立，或者说为谋求经济上的独立而苦心经营，其实就是为了人格上的平等与独立，这是作为一个现代人必有的意识或共识。进入文明时代的标志之一，就是女性也可以与男性一样外出求学，获取知识。而知识又给知识女性提供了更多的学习与就业机遇，科学文化知识与自强自立的人格，唤醒了女人沉睡的心灵，使得她们勇敢地走出家庭走上社会，信奉爱情至上、自由独立，完全不必依附男人，稍不满意便像娜拉一样离家出走——在她们眼里，男人与女人是平等的。封闭了几千年的女人，从来都是男人的附庸，只有到了老上海这一代，女人才作为一种独立的人站在男人面前，用舒婷的话说，便是“作为一种树的形象与你站在一起”，能以“树的形象”站立在男人面前，站立在家庭之间，与老上海提供的文化氛围密切相关。无论是小说还是电影，包括话剧，都在全方位地影响改变着人们根深蒂固的婚姻观念。当时有一部话剧叫《娜拉》，是挪威剧作家易卜生的名剧，写一个女人从家庭出走的故事，这个相当有代表性的女人形象深得中国观众认同，此剧在上海演出轰动一时，并由此流传开来，很多二三线城市也纷纷上演文明戏《娜拉》。上海版的《娜位》便是由后来成为“旗手”的江青主演。当然，她那时还叫蓝苹，是一个刚刚从青岛来上海不久的女生，也是一个从婚姻围城中出走的“娜拉”。可能正是有这份生活体验与内心渴望，所以蓝苹才将娜拉的形象演绎得栩栩如生。

晚年的张爱玲姑姑张茂渊

张爱玲与她的姑姑与母亲都看过《娜拉》，从张家这三个自由的新女性身上，你可以清晰地看到上海女人为改变自身命运所付出的努力。张爱玲自己就不用说了，她生命里的两个男人都是她的爱情选择，她姑姑为等待一份没有结果的爱情，几乎耗尽一生，经过60年漫长等待，到80岁时，老天怜悯她，才给了12年的生死相守。结婚时，这个78岁的新娘脸上刻满岁月的皱纹，婚纱下那满脸灿烂的微笑像漫天霞光。这些女性传奇婚恋只能发生在老上海，发生在这些接受过西洋文明熏陶的中国女性身上——这里当然不能少了张爱玲母亲的黄逸梵，她就是活生生的娜拉，易卜生笔下出走的娜位——一个小脚女人，为了追求理想中的新生活，毅然放弃旧式家庭阔太太的地位，离家出走到海外留学，最后与俊美得像明星一样的美男恋爱，两个人打着洋伞走在香港浅水湾上，张爱玲说："宛若一对

晚年的张茂渊与李开第在一起

电影明星……”。

胡适曾这样说：“易卜生主义，我的人生观。”鲁迅曾作过一次著名的演讲，主题就是：娜拉走后怎么办。他一针见血地说：“由于缺乏独立的经济地位，娜拉出走之后只有两条路，不是堕落，就是回来。”在老上海时代，出走的女人其实很少回头，这时的上海已不是从前的上海，社会为这种女性独立提供了足够的生存条件，所以为了人格完整独立，无数新女性像娜拉一样走出家庭，走上社会，像男子一样担当起责任与义务。更多的女性作家如张爱玲、冰心、丁玲、萧红、苏青等，她们成为一个强有力的阵营面对男权世界，展示出一代知识女性全新形象。丁玲借《莎菲女士的日记》表示，女性不再是家庭生活的奴仆，她们有能力、有胆量、有勇气选择爱情与婚姻，取与舍完全取决于她们内心的感受，是“出走的娜拉”教会了她们要崇尚“爱情第一”。娜拉就这样成为女性们新的偶像与时髦，茅盾的小说《虹》塑造了一个全新的娜拉形象梅行素，她为了摆脱没有爱情的婚姻，愤而离家出走。老上海明星周璇看后非常感动，她后来离开了在一起生活长达 9 年的丈夫，踏上了职业演员的道路，公开宣称：“要做娜拉那样的人。”

娜拉影响了一代老上海女性，改变了她们的爱情与婚姻，当然也就改变了她们的人生与命运，一种“爱情至上”的风气开始深入芳心。

身体跟着心灵走：良好的感觉让她生如夏花

中国有句老话“嫁汉嫁汉，穿衣吃饭”——女人们眼巴巴地嫁个有钱的男人，好让自己一辈子的饭票有个保障。但是张爱玲并不买市侩的账，她根本不想为了穿衣吃饭去嫁一个男人，或者对同床共枕的那个男人早没有爱了，却还要强颜欢笑和他在一起，或者在夫妻生活中从来没有爱情可言，有的只是麻木乏味的生儿育女、柴米油盐。她需要爱，需要爱情的烈焰焚烧心灵，而心灵从来都是指挥着身体，而不是身体在强迫心灵。心中有灵才可以称为心灵——灵在这里指什么？就是爱的感觉。

张爱玲是一个跟着感觉走的女人，良好的感觉让她生如夏花，她第一次见到胡兰成就爱上了他。胡兰成当时有妻有妾，她姑姑也旁敲侧击告诉她：“听说他有老婆。”可是张爱玲根本听不进去，她也不想听，或者说她根本就不在意他有没有老婆，也无所谓，她要的就是现在，就是他现在的心，只要此时此刻他的心在她身上，她什么也不在乎。她就这样爱上了胡兰成，两个人坐在房间里彻夜谈天，另一屋的姑姑不闻不问，家里所有的门窗都关得紧紧的，恰到好处地给她和胡兰成的幽会提供私人空间，甚至胡兰成可以光明正大的留宿于此。

张爱玲以她的方式爱着胡兰成，倾城之恋或旷世绝恋，她以一种“美丽苍凉的手势”宣告她的爱情，这里面有青春的嚣张与爱情的迷狂，也有作家的奔放与小资的张扬。她浮花浪蕊，她活色生香；

低眉的张爱玲

她衣着招摇，她出语惊人；她拒人千里，——她的背后全是“流言”，但她活出一个人生“传奇”，这样的传奇女人也只能出现在老上海，出现在20世纪40年代。后来她选择了离开，一路跌跌撞撞头破血流来到海外，心灵指挥肉体，心灵强迫肉体，在一个风雪弥漫的冬天，在美国新罕布什尔州麦克道威尔文艺营，她遇到一个父亲般的老男人赖雅——再一次以身相许，再一次刻骨铭心的爱恋，再一次无法愈合的情伤——在赖雅将她折磨够了撒手人寰之后，憔悴的张爱玲满身伤痕累累，再没有能力和心力去爱，她虽然直到1995年秋天才离开人世，但是一颗苍凉的心早在20年前就已经死去。

为了爱情付出许多，张爱玲后悔吗？肯定不会，她这样说过：“你问我爱你值不值得，其实你应该知道，爱就是不要问值不值得。”这话送给赖雅最合适。她还说过：“男人憧憬着一个女人的身体的时候，就关心到她的灵魂，自己骗自己说是爱上了她的灵魂。惟有占领了她的身体之后，他才能够忘记她的灵魂。”此话送给胡兰成正合适。

谋生之外也谋爱：爱情就是含笑饮毒酒

“谋生之外也谋爱”——这是张爱玲的一句名言，她还说过这样的话，有一种女人，“以爱为职业”。“以爱为职业”的前提是谋生，人首先得活下去，要活下去肯定得有一份挣钱的职业，以爱为职业其实是古老的职业，每个女人在从事这份职业之时，都希望得到爱，所以张爱玲说：“谋生之外也谋爱。”物质与精神兼顾，当然是理想中之理想。

张爱玲与胡兰成的婚姻是一场失败的婚姻，尽管她表面上不在乎，甚至说出这样的话：“其实你应该知道，爱就是不要问值得不值得。”问了也是白问，爱情是毫无道理的，爱就是爱的理由。张爱玲对此刻骨铭心，她是一个彻头彻尾的完美主义者，崇尚爱情第一。她23岁时如醉如痴地爱上38岁的老男人胡兰成，一个有妻室的男人，而且是被称为汉奸——胡兰成的政治立场张爱玲不可能不清楚，但是“爱情至上”让她陷入了爱情的深渊，也是她一生痛苦的深渊，恋爱的女人是管不住自己的，就像吸毒的女人一样——明知毒品有害，她还要照样躺在大烟榻上吞云吐雾一样，让她无法自控——她认为“汉奸”只是政治上的定义，与我的爱情无关，我的爱情就是发自我的内心，我的身体只服从内心召唤。所以她才在这个多情的有才的文质彬彬的男子面前，心灵战栗身体潮湿。

其实爱情是不能理性思考的，这一点张爱玲也清楚。所以她说：“如果有谁认为有十全十美的爱情，他不是诗人，就是白痴。”

张爱玲和赖雅初相识

这时的张爱玲只为爱情不为谋生——当然，这只是暂时的，涉世不深的。到了与赖雅相爱，张爱玲成熟了一些，而且这个时候生存压力就摆在面前，一日三餐要吃饭，作为一个来自亚洲的中国女人，初来乍到举目无亲，如何在美国生存下去，这确实令她万分头痛，不可能一辈子在难民营与酒鬼、乞丐、小偷和睦共处——就在这个时候，上帝怜悯她，安排她在大雪纷飞的冬天相逢赖雅，仿佛干柴遇到烈火，一点点火星就熊熊燃烧。张爱玲说："女人一旦爱上一个男人，如赐予女人的一杯毒酒，心甘情愿的以一种最美的姿势一饮而尽，一切的心都交了出去，生死度外。"这是狂热爱过之后的肺腑之言，但是胡兰成毕竟与赖雅不同，上海毕竟也不同于美国，严酷的现实让她在爱情与生存之后倾向于后者，也即谋生之外也谋爱——赖雅虽说此时穷困潦倒，但是美国公民的身份、相知相爱的体恤、积淀半生的人脉，都可以帮助张爱玲在大洋彼岸的美国找到一种归属感，一种认同感。

生存是生命本能，谋生之外也谋爱也是女人的天赋才能，不但是张爱玲，她笔下众多女性都是这样，最典型的女性莫过于《倾城之恋》中的白流苏，这个女人身上有太多张爱玲的影子——她柔弱的外表下有一颗强悍的心，是一个女性强者。在那样的年代，这是一个具有自救精神的特殊女性，在大事面前不计前嫌，挺身而出，而且身处纠结、倾轧的旧式家庭，她一直不想妥协不肯屈服，要做新女性——可是想见她的艰难，一个旧式家庭的六小姐，离婚后住在娘家，白家虽是破落户，却死要面子。浮华已逝，韶华将去，旗袍对于她来说就像是根救命稻草，牵着她的青春岁月和淑女身份。同时，她也是一个情场赌徒，把婚姻作为职业，在男人身上找到最后的庇护。张爱玲的爱情至上她难以顾及，她设想的就是在谋生的同时也可以谋爱——她如同张爱玲一样自卑清高、矜持要强而又极度自私，她的语气中带着张爱玲式的尖酸、刻薄与挑衅。她明白自己对男人有着莫大的吸引力，脸上经常挂着各种设计好的笑容，就算在最艰难、最尴尬的时候，她仍能保持永不言败的精神。对于范柳原，白流苏不肯定他会否跟她结婚，却似乎很清楚他已被她吸引着，且不会放弃她。最后，一座城池的倾毁成全了她一生的完美。

人到中年的张爱玲

愚蠢的女人“以爱为职业”，聪明的女人在“谋生之外也谋爱”，所以张爱玲说：“爱情就是含笑饮毒酒。”

物质第一：有花有狗的花园洋房

张爱玲在小说《创世纪》中这样描写一处花园洋房："从前的照片里都拍着有：花园草地上，小孩子蹒跚地走着，戴着虎头锦帽；落日的光，眯了眼睛；后面看得见秋千架一角，老妈子高高的一边站着，被切去半边脸。"这样的花园洋房在张爱玲《对照记》中确实看到过——不过，它不是小说中人物的家，它正是张爱玲的家。

张爱玲从天津到上海一直住的是花园洋房，是有花有狗的花园洋房，她这样描述她的家："不久我就做了新衣，一切都不同了。我父亲痛悔前非，被送到医院里去。我们搬到一所花园洋房里，有狗，有花，有童话书。"确实是一处美满的家园，有花，有狗，有童话书，还是蕴藉华美的亲戚朋友与恋爱表演，它最早激发了张爱玲对罗曼蒂克生活的向往与想象。在没有离家出走之前，在新式公寓尚未出现的年月，她一直就生活在老洋房里，包括她家的亲友，一律是花园洋房的主人。在她的小说里，花园洋房的描写随处可见："桂花的香气很浓，石家的房子是一幢老式花园洋房，老远就看见一排玻璃门，玻璃门里正是客室，一簇五星抱月式的电灯点得通亮，灯光下是红男绿女的。"这正像她家在苏州河畔的那处祖传下来的老洋房子，有无数房间——现在的花园早拆了，建起了很丑陋的水泥平房，那是后人的"杰作"。

上海滩被称为冒险家的乐园，殖民与开放让这座死气沉沉的滨海小城像麻雀变凤凰似的焕发出无限生机与活力，物质的极大丰富让沉迷其中的红男绿女醉生梦死，张爱玲置身其中无力自拔，她身上的全部优点与缺点全都是殖民化的老上海带给她的：自私、冷漠，包容、独立，对物质的迷狂，对自由的渴盼，她从小就在封闭的花园洋房中长大，她与生俱来的孤独即源于此。后来家道中落，但是殖民化的上海又给她提供了一处避难所：公寓——这是中国从来没有过的房子，它高高耸立在半空，煤气、水电、卫浴一应俱全，用张爱玲的话来说："即便站在窗口换衣服也不怕别人看见。"她是公寓作家，离家出走后住过多处公寓：爱丁顿公寓、长江公寓、开纳公寓、重华新村，她曾经写过一篇活泼俏皮的文字《公寓生活记趣》，历数公寓几大好处：一是最合理想的逃世的地方，二是多买半斤腊肉也不会引起邻居许多的闲言闲语，三就是住在最上层你就是站在窗前换衣服也不妨事。如果还想寻找一条，便是可以听到市声，张爱玲说："我喜欢听市声，比我较有诗意的人在枕上听松涛，听海啸，我是非得听见电车响才睡得着觉的。"而只有公寓楼上市声才听得真切，对此张爱玲也不明白："常常觉得不可解，街道上的喧声，六楼上听得分外清楚，仿佛就在耳根底下，正如一个人年纪越高，距离童年渐渐远了，小时的琐屑的回忆反而渐渐清切明晰起来。"张爱玲如此喜欢公寓，多半因为公寓的老死不相往来甚合她的心意。胡兰成第一次到公寓来看她，张爱玲不想见，胡兰成一点办法也没有。要是住弄堂还可以爬院墙吧？也可以敲窗叫喊。而在公寓，主人不想见你，就没有一点办法，在楼下喊破喉咙也没用，他不答应，你就以为他不在家。所以，胡兰成能做的就是留下一张纸条，这一招真管用。

便宜的公寓成了张爱玲的身体避难所，出洋后也一直在公寓居住，张迷水晶找到她居住的柏克莱公寓拜访，张爱玲坚持不开门，甚至连她在美国唯一担保人林式同来公寓她也不见，理由是她住的

张爱玲在海外居住过的公寓

是一室户，没有客厅，不便见客。水晶打电话张爱玲也不接，他只得模仿胡兰成从门缝塞入纸条，然后离开。他站在杜伦特大街上，透过密集的法国梧桐眺望张爱玲的窗户——多年以后，在他坚持不懈的努力下，他如愿以偿进入张爱玲的公寓，“她的起居室有如雪洞一般，墙上没有一丝装饰和照片，迎面一排落地玻璃长窗。”“张女士的起居室内，有餐桌和椅子，还有像是照相用的强光灯泡，惟独缺少一张书桌，这对于一个以笔墨闻世的作家来说，实在不可思议。我问起她为什么没有书桌？她回答说这样方便些，有了书桌，反而显得过分正式，写不出东西来……不过，她仍然有一张上海人所谓‘夜壶箱’，立在床头。她便在这张夜壶箱上，题写那本她赠送给我的英文书《怨女》。”

张爱玲的公寓“如雪洞一般”，这是一个生动的比喻。陈丹燕某次骑自行车经过张爱玲居住的常德公寓，她说：“那栋老公寓被刷成了女人定妆粉的那种肉色。”——是的，张爱玲曾在这里盛妆出行，后来又卸妆离去。憔悴多年的爱丁顿公寓现在特地为张爱玲又重新换上当初的深米黄色，也算是给张爱玲补上一层残妆……

妖娆而又风骚的世界：上海是女的

在上海，现在你仍然可以在城隍庙或文庙一带小店摊头，很容易找到老上海美女月份牌，甚至有原作画稿。真假无所谓，我感兴趣的是月份牌上的老上海美女，20 世纪 20 年代的美女是小家碧玉型的，低眉顺眼，细细长长的丹凤眼，很富态，就立在楼梯口靠墙一侧，身边有拨号式圆盘电话、牵牛花一样的手摇唱机——这一切都是感性的上海的，所以棉棉才说：上海是女的。

老上海时代的美女月份牌

“上海是女的”，这句话很有意味，它不是男性的，是女的——棉棉长期生活在上海，深得上海精髓，既然是女的，那就是物质的，阴柔的，张爱玲的恋物癖特性便好理解了，你看看她都写了什么啊，卷着云头的花梨炕、柚子的寒香、装痱子粉的桃红心形缸、记着很多电话号码的美女月份牌啊——她对于物质细节总是不厌其烦，仔仔细细记下来，毫无倦意。不为什么，就因为喜欢，心里应该也明白，物质细节是匆遽人生中唯一可以收藏把握的东西，所以她才一再写到美女月份牌，“在太阳光里红得可爱的桃子式的瓷缸，盛着爽身粉，墙上钉着美女月份牌，在美女的臂上，母亲用铅笔浓浓地加了裁缝，荐头行，豆腐浆，舅母，三阿姨的电话号码”，真是神来之笔，这个就是张爱玲的上海精髓，后来的海派作家无人能及。

海派文化的基础就是殖民文化，它是以强大的前所未有的浮华世界引发起内心的欲望，它是物欲的也是肉欲的，物质的盛宴以及肉体的狂欢，这一点我们完全可以从张爱玲的字里行间感受到那份扑鼻而来的芬芳，那是一片烂漫的多情的妖娆的而又风骚的世界啊，那些贱价的、与狐臭与汗酸味混合了、是使人不能忘记的异味，那是振保这样的童男子最痴迷的香水气味；还有桃花赛璐珞梳子、张爱玲八岁就渴望的爱司头，还有豆绿糯米瓷茶碗、磨白了的梳妆台、那是可以当作写作的写字台来用的，它散发出一种阴性气息，包括那些让人心旌摇荡的雨夜的霓虹灯、朵云轩信笺、回文雕漆长镜、霉绿斑斓的铜香炉、吊有金丝花篮的红木大床、十几克拉的火油钻、翠绿烧料镯子、美丽牌香烟、礼查饭店熏炙室、装有红灯的脚踏车、带喇叭的手摇唱机、淡绿鸵鸟毛折扇、练习淑女风度的钢琴、不搁苏打的威士忌。还有“最廉价的王宫”，那是她不可或缺的电影院，片刻的放纵与遗忘是生命的必需品，就如同那西崽开的起士林和安有弹簧的百乐门。

作为一个上海女人，一个中国第一代自食其力的老牌小资，张爱玲对物质世界的迷狂是永无止境的，她笔下有这样的文字：“生活的艺术，有一部分我不是不能领略。我懂得怎么看《七月巧云》，听苏格兰兵吹 bagpipe。”“欣赏雨夜的霓虹灯，从双层公共汽车上伸出手摘树巅的绿叶。”这是她认为生命欢悦的理由，这理由就是对物质的崇拜。可以想见，张爱玲当年和炎樱从霞飞路购物归来，踏上电

老上海时代双层巴士

车去凯司令喝咖啡，两人坐在车上说说笑笑，双层电车停在一处路口，她忍不住伸手摘树巅绿得透明的叶子——在老上海时代，这是多么浪漫而新奇的事？她和炎樱一定坐在车头处，否则不会看到如此奇妙情景：“开电车的人开电车，在大太阳底下，电车轨道像两条光莹莹的，水里钻出来的曲蟮，抽长了，又缩短了；抽长了，又缩短了，就这么样往前移——柔滑的，老长老长的曲蟮，没有完，没有完……开电车的人眼睛盯住了这两条蠕蠕的车轨，然而他不发疯。”她们是女人，第一代有购物狂毛病的女人，老上海的琳琅满目满足了她们的购物欲，最迷恋的当然还是那些阴性的物质：桑子红胭脂、有网眼的黑色丝袜、10 岁要穿的高跟鞋、小号的丹琪唇膏、指甲上的银色蔻丹、绿短袄上的翡翠胸针。一条摩登的霞飞路成为无数女人不可磨灭的老上海印象，死心塌地的也是死不瞑目的念想，它和美女月份牌一起构成殖民文化的一个奇妙佐证：有节制的放荡、对时尚的迷狂以及包藏在优雅旗袍下的那种永无止境的欲望——所以棉棉才能说得出开头那句最著名的话：上海是女的。

摩登的海派文化：老上海有条霞飞路

霞飞路成了老上海的怀旧坐标，一位时尚女作家说："给我一身旧旗袍，给我一条霞飞路……"只是，旧旗袍时髦外婆的箱子底可能还有，霞飞路到哪里去寻找？它现在已更名为淮海中路，并且早已面目全非。

在张爱玲生活的20世纪30年代，霞飞路被称之为"巴黎的香榭丽舍"，满街的咖啡馆、西菜馆、影院——名店林立名品荟萃，展示着与纽约、巴黎同步的都市风尚，是老上海的风情之地，也是时尚之源。女作家亦舒对霞飞路迷恋至极，在小说中多次提到这条流光溢彩的大马路："承欢毫不介意旧上海有条霞飞路，虽然这也不过是一个法国人的姓，但人家译得好听。"许鞍华也这样说："当年亦舒就住在我隔壁，记得她多少次这样说过：上海有条霞飞路。"汪曾祺流浪上海当小学教员，就住在霞飞路一条小巷子里，汪老到哪里只记得

20世纪30年代的霞飞路

吃，炒白果、雪笋汤和白糖莲心粥就是霞飞路的味道。余光中先生这样说：“当年我住在法租界霞飞路，ABC 就是在那里学的，上海一直都是中西文化交汇的大港口。成年以后，我只能从张爱玲的小说里神游上海滩。”霞飞路在余光中的眼波里，幻化成一抹永不褪色的文化乡愁。

有一段时期，张爱玲舅舅家就在霞飞路（位于今淮海中路 993 号），那时候她经常和表姐逛霞飞路，4 公里长的霞飞路流光溢彩人头攒动，两旁装修豪华的精品小店一家接一家，张爱玲与表姐们勾肩搭背流连忘返，后来她在笔下写道：“四五年前在隆冬的晚上和表姊看霞飞路上的橱窗，霓虹灯下，木美人的倾斜的脸，倾斜的帽子，帽子上斜吊着羽毛。既不穿洋装，就不会买帽子，也不想买，然而还是用欣赏的眼光看着，缩着脖子，两手插在袋里，用鼻尖与下颌指指点点，暖的呼吸在冷玻璃上喷出淡白的花。”这便是张爱玲笔下的霞飞路风情，有女孩子淘宝小店，也有咖啡馆与电影院。不但是黄氏表姊，张爱玲与炎樱、苏青出门逛街、购物，首选之地就是霞飞路，法国人的香水店、美国人的鞋帽店、俄国人的面包店，逛一趟霞飞路，国际流行、海派时尚全集中在上海小姐身上。张爱玲说：“妈妈和姑姑是喜欢霞飞路的，妈妈第一次回国住的是霞飞

作为时尚的职业女性，张爱玲的姑姑很洋气，很摩登

路。”——那就是霞飞路上的伟达饭店，张爱玲也过来住了半个月。那时候她正在读书，有一个好朋友张如谨，两人常在霞飞路上的国泰电影院看电影，看到生离死别，张如谨多数要哭，张爱玲就搂着她的肩安慰她。张如谨非常奇怪：“你为何不见一滴泪？”张爱玲解释说：“忙不过来啊！得查字幕，得看镜头，还得评演技。”张如谨偏爱张资平，张爱玲不喜欢：“张资平，人如其名，资质平平，写东西老差那么一口气，远不及张恨水。”

其实也不仅仅是张爱玲，太多的人物出现在霞飞路，太多的故事出现在霞飞路，中国出了个老上海，老上海有一条霞飞路，上海的记忆，群体的记忆，也是张爱玲刻骨铭心的记忆，像一条亮闪闪的珍珠项链，串起属于现代的关键词：摩登、时髦、绅士、淑女、品位、格调、文明、浮华——它装饰着作为女人的上海，孕育出一种全新的人，一种全新的海派文化，它有一种生生不息的力量，潜移默化地影响了一代又一代人，然后随他们漂洋过海而散播海外，成为一种外来与本土、海洋与内陆、开放与封闭、包容与专制交媾孕出的新的生命。

霞飞路现在成了时尚符号，人们喜欢老上海，就拿霞飞路来怀旧。台北很火的餐厅就叫“霞飞路 8 号”，要提前 3 个月预订。有一首很流行的歌取名《霞飞路 87 号》——在老上海怀旧，离不开这条霞飞路。只是，怀旧在眼下，已与怀旧无关，它成了一项产业。

嘴唇那样富有生命力：她的照片像一部小说

赖雅第一次看到张爱玲母亲黄逸梵的照片，在日记中写道："她的照片像一部小说。"这个老男人毕竟是搞写作的，他的艺术直觉倒是准确无误——那是母亲去世之后，所有的遗物装满了一个古董大箱子被寄到了张爱玲与赖雅的家，赖雅对这个东方女人十分好奇，就像她对张爱玲充满好奇一样。当箱子被打开时，整个房子充满悲伤的气息，赖雅看到她的照片，认为她的嘴唇那样富有生命力，仿佛还活着一般。张爱玲过于悲伤，后来大病一场，这只古董箱子一直放在家中的角落，一直到两个月后，张爱玲才有勇气整理母亲的遗物。

张爱玲的母亲黄逸梵

张爱玲从小到大其实很少与母亲在一起，但是母亲仍然全方位地影响了她：对爱情的痴迷与执着、对自由的追慕与神往——这一对母女是如此相像，都是硬骨头，只认爱情不认钱，她们对心爱的男人都是如此豪爽，喜欢倒贴钱给他们花，然后死心塌地去爱。爱情折磨得她们死去活来但是却无怨无悔，直至生命终结——而她们的结局也是如此相同：都是死在异国他乡，然后留下几只破箱子。在对待女儿抚育上，黄逸梵应该是不合格的，但是她以实际行动，潜移默化地影响了女儿——人生观、幸福观，当然也包括爱情观。当年她放弃在张家做阔太太、和张茂渊出洋留学时，实际上是一种全新的生活方式在召唤着她，她们这一代女性的勇敢与奔放是前所未有的，一个缠裹小脚的中国女子，放弃了大家庭的一切，勇敢地奔向海外，到阿尔卑斯山滑雪，去文艺沙龙和徐悲鸿、蒋碧薇等艺术家彻夜长谈，还做过尼赫鲁两个姐姐的秘书。想过办皮件厂，结果没有成功。会自己设计时装，张爱玲对此有详细记载："我母亲和姑姑一同出洋去，上船的那天她伏在竹床上痛哭，绿衣绿裙上钉有抽搐发光的小片子，佣人几次来催说已经到时候了，她像是没听见。他们不敢开口了，把我推上去，叫我说：婶婶，时候不早了。（我算过继给另一房的，所以称叔叔婶婶。）她不理我，只是哭。她睡在那里，像船舱的玻璃上反映的海，绿色的小薄片，然而有海洋的无穷无尽的颠簸悲恸。"——当年黄逸梵常来香港看望在此读书的张爱玲，她的生活奢华富足，并且有了一个高大俊美的美国男友。那次张爱玲到浅水湾影湾园去看望母亲，"仆佣领着我沿着碎石小径走过黄昏的饭厅，穿过紫藤花架，阳台上两个人在说话，一个是母亲，穿着西洋篷裙子，男的是她的美国男友维基斯托夫。两个人挽臂从浅水湾沙滩上走过，男的英俊，女的漂亮，打着洋伞说着英语……"张爱玲像看电影画报一样看着母亲和她的外籍情人，这样的细节震撼着她幼小的心灵，母亲的行为胜过千言万语的说教。

黄逸梵这种生活方式、人生态度，从小就对张爱玲产生刻骨铭心的影响，比如家中洋派、时髦的装饰，比如带她去咖啡馆吃西点看跳舞听音乐，比如送她去弹钢琴，让她学习西洋礼仪、力争做一个淑女——张爱玲说：“另一方面有我父亲的家，那里什么我都看不起，鸦片、教我弟弟做‘汉高祖论’的老先生，章回小说，懒洋洋灰扑扑地活下去。”只要母亲一回来，家庭气氛马上大变：“家里陡然添了许多蕴藉华美的亲戚朋友。我母亲和一位胖伯母坐在钢琴凳上模仿一出电影里的恋爱表演，我坐在地上看着，大笑起来，在狼皮褥子上滚来滚去……”母亲与父亲，一个新式女性，一个遗老遗少，他们正是民国那个新旧交替的时代的缩影，张爱玲很自然地倾向母亲，她的摩登与洋派、独立与另类、孤独与自由——她们都是现代文明孕育出的一代女性，心灵里都有那个时代的鲜明印记，如果说黄逸梵是一部连续剧的话，那么张爱玲就是她的续集。黄逸梵死了，可她的一腔汩汩热血，却一直在张爱玲血管里奔腾。

第四章/旗袍

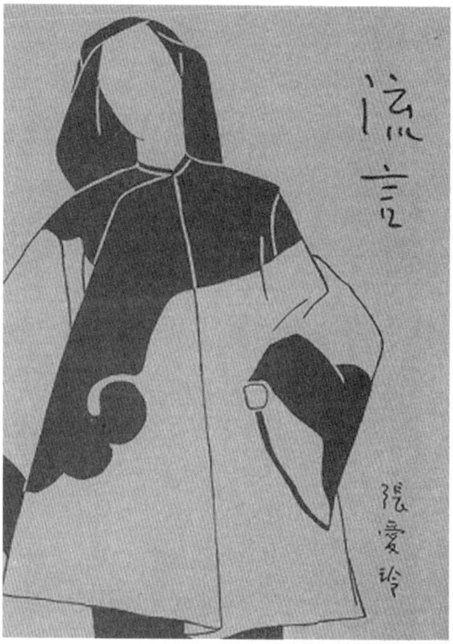

现在要紧的是人，旗袍的作用不外乎烘云托月忠实地将人体轮廓曲曲勾出。革命前的装束却反之，人属次要，单只注重诗意的线条，于是女人的体格公式化，不脱衣服，不知道她与她有什么不同。

——张爱玲

上海小姐的普通装束： 丝质碎花旗袍

柯灵回忆张爱玲的片段最让人喜欢，那时他主编《万象》杂志，刚刚从事写作的张爱玲有一天来看他，腋下夹着一个报纸包，说有一篇稿子请他看看：她穿着丝质碎花旗袍，色泽淡雅，也就是当时上海小姐普通装束，那篇小说就是随后发表在《万象》上的小说《心经》，还附有她手绘的插图——那时候张爱玲还没有大红大紫，当她腋下夹着小说手稿走上《万象》杂志社木楼梯时，一如张恨水笔下那些穿蓝布罩衫的女学生，朴素而清纯，低眉又低调，甚至还有点落寞。

当时的上海小姐服装以旗袍为主，女学生都像张爱玲那样穿一身很普通的碎花旗袍，就是柯灵说的“上海小姐的普通装束”。也可能是初次出道，也可能是无籍籍名，张爱玲一向是高调张扬的人，像这样低眉又低调的做作在她来说是少之又少，在服装上她一向是“衣不惊人死不休”，因为她知道自己长得不漂亮，一个不漂亮的女人，如果再弄一身僵硬呆板的衣服套在身上，不如让她去死。她本来就是个出格的女人，无论生活还是服装，让她规规矩矩地待在方方正正的格子里，她肯定待不住，她肯定要出格。张爱玲自己记载过她用老祖母留下的一床被面做衣服——那时她设计了很多服装，女友炎樱和她一样会画画，有很高的鉴赏力，往往两人设计好就找裁缝做，可画来画去，似乎仍不能满足自己在服装上求奇求异之心，眼睛就落在老祖母一床霉味扑鼻的被面上：米色薄绸上洒满淡墨点，

张爱玲与李兰香合影

隐着暗紫的凤凰，很有诗情画意——洗净晒干后，照炎樱设计，她拿去做了一件连衣裙，紫凤凰图案集中在裙的下摆和两只宽大衣袖上，极为别致，张爱玲兴奋异常，穿了它参加1943年的游园会，还与日本影星山口淑子（李香兰）合影留念，至今照片还收在《对照记》里：张爱玲侧首低眉坐在一只白布椅上，李香兰不动声色站在她的身后，显得有点委屈。让当时红极一时的明星李香兰站在身后，张爱玲是很得意的，那心情肯定“遍体森森然飘飘欲仙”，不过从她脸上丝毫看不出来。

张爱玲身穿老祖母夹被的照片让人一直难忘，更难忘的是当年红极一时的张爱玲，那时她是年轻的甚至是青春的，她的人生传奇才刚刚开始书写，她用老祖母的夹被做了件滚花宽袍，这是她绝无仅有的一张显得很漂亮的照片，撩起额发的脸显得温柔而妩媚，老祖母睡过多年的夹被完全看不出来，看见的只是朱色薄绸上有点点星星在闪烁，手臂和胸前是若隐若现的暗紫色的凤凰。

张爱玲很有自知之明，她说：“张恨水的理想可以代表一般人的理想——他喜欢一个女人，清清爽爽穿一件蓝布罩衫，于罩衫下微微露出红绸旗袍，天真老实之中带点诱惑性，我没有资格进他的小说，也没有这志愿。”

张爱玲身穿老祖母夹被的照片让人一直难忘

喜欢穿蓝布罩衫的女孩子，这是张恨水的理想，也是大多数男子的理想，张爱玲说得对，她说张恨水的理想可以代表一般人的理想——清清爽爽一件蓝布罩衫，不太张扬，平静雅致，有一股文静之气，这样的女孩子多半是女学生。但如果太老实古板，又不讨人喜欢，于是折中一点，就像张恨水说的，“于罩衫下微微露出红绸旗袍，天真老实中带点诱惑”，给人以无尽的想象。张爱玲倒是有一点自知之明，她说“我没资格进他的小说”。她是喜欢张恨水的，曾经和喜欢张资平的女同学张如谨为哪个张更好吵得不可开交，她不是太老实，外表孤傲内心张狂，否则不会看着母亲“在绿短袄上别上翡翠胸针，就简直等不及长大，然后说出：我八岁要梳爱司头，十岁要穿高跟鞋……”穿着打扮这一点她像母亲，她母亲爱做衣服，张廷重大为不满，说：人又不是衣裳架子——嫌她花钱太多，可他舍得花钱买汽车，左一辆右一辆，房子越住越狭小，

张爱玲和姑姑在一起，她身上穿的便是蓝布罩衫

车子却越开越高级，最后直至潦倒，租房而居。

很多人不太喜欢张爱玲成名后那种让人惊艳的女明星做派，她骨子里有一些张扬和狂热。当时翻译家傅雷可能看不惯张爱玲的许多做派，以“迅雨”的笔名写了篇文章委婉地批评张爱玲，最后两句话把张爱玲激怒了：“所有的传奇在中国均没有好下场。”其实傅雷的论断是对的，张爱玲一生虽说有过轰轰烈烈的传奇，却也是“没有好下场”。

当色迷遭遇色魔：　宝蓝色暗花旗袍

老上海夜空是一片晶莹的宝蓝色，宝蓝色是张爱玲的最爱，李安放大了张爱玲的爱，将它嫁接到麦太太王佳芝身上，让她在不同的场合都穿同一种“清刚明亮”（张爱玲语）的颜色——宝蓝色，仿佛裹着一片老上海的夜空。

在所有张爱玲电影中，《色·戒》是霓裳缤纷的一部，女人们围坐在一起喝茶聊天打麻将，就是一片花团锦簇。在这片五光十色中，麦太太的宝蓝色是最出挑的颜色，这是张爱玲的颜色。她是色迷，仅仅是蓝色在她眼里其实可以分成许多种，不仅仅是孔雀蓝或水手蓝，还可以分成奇奇怪怪的蓝色：粉蓝、烟蓝、夜蓝、电蓝、宝蓝，蓝色在她笔下是梦幻的颜色，是最心仪的颜色，在某个特定的时刻，她的眼里只有蓝色，这时候蓝色甚至就是死亡的颜色——“我父亲扬言要用手枪打死我，我暂时被监禁在空房里，我生在里面的这座房屋忽然变得生疏的了，像月光底下的，黑影中现出青白的粉墙，片面的，癫狂的。有一句诗关于狂人的半明半昧：在你的心中睡着月亮光——我读到它就想到我们家楼板上的蓝色的月光，那静静地杀机。”但是在《色戒》中她这样写王佳芝：“脸上淡妆，只有两片精工雕琢的薄嘴唇涂得亮汪汪的，娇红欲滴，云鬓蓬松往上扫，后发齐肩光着手臂，电蓝水渍纹缎齐膝旗袍，小圆角衣领只半寸高，像洋服一样。领口一只别针与碎钻镶蓝宝石的‘纽扣’耳环成套。”

张爱玲的快乐与悲伤都是蓝色的，在《华丽缘》中她这样写道：

“她穿着玉色长袄，绣着两丛宝蓝色兰花。小生这时候也换上了浅蓝色绣花袍子。这一幕又是男女主角同穿着淡蓝，看着就像是灯光一变，幽幽的，是庵堂佛殿的空气了。”蓝色给她的感觉总是这样奇特而奇妙。如果说张爱玲是色迷，那么李安就是色鬼，应该是比色鬼更进一步：色魔，他的用色是鬼使神差的神来之笔，他升华了张爱玲所迷恋的宝蓝色——某一个镜头中，暗灰的天幕下，一身宝蓝色旗袍的王佳芝缓缓步出，那一身宝蓝色衬托着她娇嫩无比的容颜，翘起的月牙形嘴角微微翕动——在这里，易先生的眼光有狼的贪婪，一向爱用眼放电的梁朝伟不知如何再现了老易秃鹫般的阴沉与贪婪，这是情欲喷薄的时刻，是王佳芝俘虏了老易，不如说是宝蓝色打动了他——在老易的眼里，宝蓝色其实就是美色，是他无法戒掉的女色。王佳芝坐在麻将桌边，一身无袖的宝蓝色旗袍，领口处是镂空的，肉色隐约，欲望潜藏。王佳芝面色沉静，心动如水，她有十二分的自信老易会扑来，像飞蛾扑火。老易是狡猾的，三缺一，顶一下，他踟蹰再三，最终还是在麻将桌边坐下来，内心欲望太强大了，老易自己不听自己的话，或者说是他的身体叛逆了心灵。所以我们才看到王佳芝在裁缝店里穿上那件宝蓝色旗袍时，老易抽着烟低低地命令道：“穿着!”声音果断、低沉、利落，就像他在某个时刻命令部下开枪一样。

作为上海滩长大的爱国女生王佳芝，对霓裳的迷恋曾经是她生活的全部，李安对王佳芝的理解准确到位，这源自对张爱玲的偏爱。他从高度整体把握张爱玲，再化整为零，让张爱玲的韵味弥散在他的音乐之间，光影深处。这是记忆最深的画面：王佳芝去接易太太，应该是在香港中环，她一身土黄色布条纹旗袍，相同颜色的布帽子，有点迟疑地走过寂寥的街头。围墙上有大团大团盛开的紫色的花，蓝天白云之下，鸟在鸣唱——李安的色彩，张爱玲的感觉，音乐般的美感便是这样的情景交融，恍惚的，战栗的，就像老易送王佳芝回家，那份斑驳光影，花影一样从他们身上轻轻划过——这一刻暗蓝的夜空就是宝蓝色的，楼梯上的纹饰画在墙壁上。宝蓝色在这里是欲望的颜色，王佳芝最后一丝不挂地褪去了它，在与老易的肉体博弈中，女人自我的心灵与身体也在博弈，最终打了个平手。这让人想起《滚滚红尘》中韶华问月凤的那句话："女人的身子是不是跟着心灵走?"月凤答："女人是，男人不是。"

王佳芝正是这样的女人，身体被心灵牵引，走上一条不归之路——这是女人的爱，爱情至上的张爱玲不可能放弃这样的爱情经典。而王佳芝身着宝蓝色暗花旗袍也必将成为李安镜头里又一个经典。

闻得见香气的颜色：桃红单旗袍

张爱玲和胡兰成热恋的时候，有一天天气好，她和胡兰成在附近马路散步，胡兰成对此事有过详细的记载："一日午后好天气，两人同去附近的马路上走走，爱玲穿一件桃红单旗袍，我说好看，她道：'桃红的颜色闻得见香气。'"语言上的神来之笔应该来自于爱的力量，爱的力量让弱不禁风的女人变得无比强大，张爱玲深谙这种来自于身体里的力量。她不爱说话，所以要用衣服来说话，她是这样说过的："对于不会说话的人，衣服是一种语言，是随身携带着的袖珍戏剧。"这出戏剧小品就是这件桃红色单旗袍，红得能闻得见香气，胡兰成也绝顶聪明，果然从她的话中嗅出恋爱的气息，所以燃点高的女人一定要寻找一个同样燃点高的男人，这样才能在爱情的火焰中共同燃烧再欲火焚身，这才是人们眼中最理想的般配——他们一个姓张，一个姓胡，一个张嘴，一个胡说，絮絮叨叨的私房话传到后世，都成为爱的谶言。

身上穿了一件桃红单旗袍，脚上就是一双粉色双凤绣花鞋，胡兰成后来在书中写道："我爱看她穿那双绣花鞋子——鞋头连鞋帮绣有双凤，穿在她脚上，线条非常柔和，她知我欢喜，我每次从南京回来，在房里她总穿这双鞋。"而张爱玲自己说过："桃红的颜色闻得见香气。"闻得见香气的颜色，应该就是爱情的颜色，就是桃红色单旗袍。张爱玲第一次跑去见胡兰成，就是穿着这件桃红色的旗袍，还是单旗袍，那时候是春天，桃花正在绽开，张爱玲穿着一身桃红色的旗袍来见胡兰成，那其实是一种暗示或诱惑，她把她桃花色心思在胡兰成面前一览无余地展示。她和胡兰成相爱后，人们都说是一朵鲜花插在牛粪上，但是胡兰成好色是好色，滥情也是滥情，这是所有男人的通病，胡兰成并不高尚些，却也没有比男人更下流。他从苏青那里得到张爱玲的地址，张爱玲不知道他是谁，也摸不清他的路数，不出面见他。胡兰成当然也不敢蓦然来挑逗张爱玲，他只是出于小文人的本能由文字喜欢一个人，而且还是一个姑娘。他没有别的心思与想法，只是想见一见这个文字老辣的小姑娘是何许人也。但是一向不屑于见人的张爱玲却破天荒地“送货上门”，而且还穿着这身桃红色单旗袍，胡兰成忍不住了，送她出门时故意挑逗她。

张爱玲的奇装异服是她生前死后人们喜欢议论的话题之一，女作家潘柳黛有一次和苏青约好到赫得路的公寓去看张爱玲。一进门，潘柳黛惊呆了，张爱玲一件柠檬黄袒胸裸臂的晚礼服，浑身香气袭人，手镯项链，满头珠翠，一身盛装打扮。潘柳黛一怔，问她是不是要上街？张爱玲说不是，是等朋友到家里来喝茶。当时苏青和潘柳黛衣饰随便，相形之下觉得很窘，怕她有什么重要的客人要来，互相交换了一下眼色，非常识相地要告辞。谁知张爱玲却慢条斯理地说：我的朋友已经来了，就是你们俩呀——这时潘柳黛才知道，原来她盛装打扮正是款待她们，两个人更加窘迫，好像不懂礼貌的无知者一样。

张爱玲手绘的时装女郎

20 世纪 40 年代的上海滩，尽管时局动荡混乱，但它仍是一个车水马龙五光十色的大都会，市井百姓仍以衣食住行为主要生活内容。张爱玲经常发表小说的《万象》杂志上，曾刊载过一组《妇女时装吟》诗歌，读来生动又传神：雪肌不爱袜来笼/锦革高跟半镂空/新装赤足最时趋/双臂袒露白如银。此种风尚已等同于万里之外的欧美，这里面透露的，是十分复杂、一言难尽的政治文化气息。

张爱玲去世后留下的几件服饰

张爱玲受母亲影响，从小就对服装产生浓厚的兴趣，在她的著名散文《更衣记》中，她将中国千百年来的衣着变迁如数家珍般娓娓道来，一直写到她生活的20世纪三四十年代，她很八卦地说：近年来最重要的变化就是袖子的废除，同时衣领矮了，袍身短了，装饰性质的镶滚也全免了，改用盘花纽扣来代替，不久连纽扣也被弃用，改用揿纽。总之，这笔账完全是减法——所有的点缀品无论有用无用一概剔去，最后保留的，只有一件紧身背心，露出颈项、两臂与小腿。

张爱玲身材高瘦，她穿桃红色单旗袍、双凤绣花鞋和胡兰成走在春风里，那是他们最相爱的季节，两个人挨得很近，张爱玲“脸好像一朵开得满满的花，又好像一轮圆得满满的月亮，爱玲做不来微笑，要就是这样无保留的开心，眼睛里都是满满的笑意”。爱如春风，心爱的人身穿桃红单旗袍、脚穿双凤绣花鞋走在春风里，用张爱玲描写《金瓶梅》中孟玉楼的话，那肯定是：行走时香风细细，坐下时淹然百媚。

“赤刮刺新”的刺激：宝蓝色烫金旗袍

李安的《色·戒》是一部经典，所谓的经典就是经得起反复看仔细看——当然，李安的经典是有前提的，前提是张爱玲小说《色戒》就是经典，她反反复复写了30年，可能正是看中《色戒》的经典品质。而李安却将这一点发扬光大，忘不掉一个一闪而过的镜头：汤唯饰演的王佳芝，灰色大衣下穿着宝蓝色烫金旗袍，匆匆走过一条马路。秋风扑面而来，恰到好处地撩起汤唯的灰色大衣，应该是风衣，让观众一览无余地看到那件紧身的宝蓝色烫金旗袍。之前看张爱玲的《色戒》原著，并没有想过有一天，真的会有这样的形象，完美地还原了小说中的细节。李安镜头里王佳芝的美不是那个穿着漂亮的旧式旗袍、坐在桌前打麻将的女人，而是那个戴着灰色宽边帽子、穿着灰色大衣、底下露出宝蓝色的旗袍裙边、大衣的纽扣全都扣紧、腰间的衣带扎紧、迈着细小步子的风姿绰约的女子。她的美是张爱玲给予她的，无与伦比，像线装书上的词牌——虞美人或蝶恋花。

其实仅仅就凭这件宝蓝色烫金旗袍，这一闪而逝的镜头我也完全可以断定李安懂得张爱玲，正如同张爱玲说的“因为懂得所以慈悲”，李安应该是怀着一种悲悯的情怀来拍张爱玲。没有这种懂得，没有这份悲悯，他绝对拍不好张爱玲。所以说他懂得张爱玲，证明之一就是这片宝蓝色。当年，柯灵为了张爱玲话剧《倾城之恋》上演四处奔走，张爱玲感念在心，事后送了柯灵一匹宝蓝色的绸袍料。

柯灵拿来做了皮袍面子，穿在身上很显眼，让导演桑弧很眼红，桑弧用上海话说："赤刮剌新的末。"想象中的宝蓝色应该是高贵的颜色，是比夏威夷蓝天还要深邃的那种蓝，生活中很少见到那种明媚的蓝，也许就是青春少年爱喝的百事可乐上那种颜色。张爱玲爱死了这种颜色，爱屋及乌，她要把这片吉祥的颜色赠送给所有有惠于她的人。当年胡兰成来访，她就穿着一身同样的宝蓝色的旗袍，戴了嫩黄边框的眼镜，脸像月光那样柔和——房间里家具虽然摆设简单，但很整洁，一种新鲜明亮几乎是带刺激性的色彩，非常华贵，这就是宝蓝色的感觉，这种贵族品位竟然使这位见惯豪华场面的伪政府官员惊诧。有一张照片，张爱玲站在常德公寓宽大无比的阳台上，一身宝蓝色的旗袍，头微微上仰，注视着斜上方那片蓝蓝的天空，用郭敬明的文字来形容，就是"以45°斜角仰望长满云朵的天空"—— 一个才女的傲气与韵致，在这里发挥到极致。

当然，除了这片宝蓝色之外，我还可以找到李安懂得张爱玲的证据：烫金。这也许是老上海时一种织布印染方式，张爱玲很早就有体会。那时候她最喜欢六月天晒衣裳，说那是一件辉煌而热闹的事，人在竹竿与竹竿之间慢慢走过，两边是绫罗绸缎的墙壁——应该有一道墙是织锦缎的吧？"那是埋在地底下的古代宫室里发掘出的甬道。你把额角贴在织金的花绣上。太阳在这里的时候，将金线晒得滚烫，然而现在已经冷了。"金线晒得滚烫，那就是烫金——在华贵的宝蓝色中，闪烁着丝丝缕缕的烫金，那真是一种"清刚明亮"的刺激。要说起来，其实宝蓝色应该不适合家居，这是适宜于宴饮与会客的色彩——有一次张爱玲去苏青家，旗袍外边罩件前清滚边短袄，颜色是宝蓝配果绿，把人看得两眼发直，她一向喜欢如此对照。电视剧《她从海上来》有一个场景：刘若英扮演的张爱玲"唰"的一声把窗帘拉开，整个光线泼洒进来，窗外是上海的天际云影，胡兰成一下子呆住了：今天未施脂粉的她清浅淡雅，还原了张爱玲自己的面貌，在窗前的云影彩霞间，一袭宝蓝色衣裤，足以让满室放光。

张爱玲遗物中的服装与拖鞋

张爱玲对烫金的热爱一直保留到晚年，她去世后曾有人在她的遗物中发现一件孔雀蓝镶金线上衣。张爱玲研究者周芬伶认为：这件孔雀蓝镶金线上衣是张爱玲的最爱——如果她的论断成立的话，那么就是说，张爱玲至死也没有忘记心目中的蓝色，她的一生就是一条长长的蓝色织锦缎，从粉蓝、艳蓝开始，由宝蓝、电蓝过渡，到烟蓝、夜蓝结束。

一道炫目的风景：桃红色软缎旗袍

1945 年，在老上海华懋饭店，《新中国报社》主办女作家聚谈，很多人在事后回忆那天到场的张爱玲，身穿一件“桃红色软缎旗袍，外罩古青铜背心，缎子绣花鞋，长发披肩，眼睛里的眸子，一如她人一般沉静。”

着宽袍大袖的张爱玲

旗袍是老上海一道炫目的风景，远古时代它名为深衣，是蒙古游牧民族女子的袍服。后来清满族承袭了此服装，是为衬衣和氅衣。衬衣不开衩，氅衣左右开衩至腋下，开衩尽头各饰有云头纹，称如意。满族女子常穿，因而有了旗袍或旗装之说。时光流逝到老上海时代，不知哪个女人突发奇想将旗人之袍拿了过来，当然不能原样照穿，以老上海时代那种摩登与开放风气，旗袍在这里改良成挺胸收腰高开衩，自然是为了适应舞厅与酒吧的交际场合，它们本来也是最得富家太太小姐们的青睐，所以在民国之后旗袍在上海一红惊天实在是再自然不过的事。张爱玲说："五族共和之后，全国妇女突然一致采用旗袍，倒不是为了效忠于满清，提倡复辟运动，而是女子蓄意模仿男子而为。"而张爱玲偏爱桃红色，在成功事业美满爱情双双来临之际，她选择了桃红软缎旗袍，——在那面带桃花的灿烂时刻，她心头一定香气弥漫。

清朝老样子袍服

张爱玲说得接近事实，清朝旗袍是民国旗袍最近的前身。那时，旗袍主要用于宫廷，宫廷里最大的是等级地位，因此服装不叫服装，叫服制。张爱玲在《更衣记》中说："皇太后、皇后用明黄色朝袍，贵妃、妃用金黄色，到嫔就只能穿秋香色。氅衣绣上双喜字百蝶题为'双喜相逢'。喜字蝙蝠、罄、梅花，题为'喜庆福来'。水仙、团寿字，题为'群仙祝寿'，领、襟、袖——常为了表现身份，被修饰到累赘。同治年间，领托、袖口、侧摆、下摆的镶滚花边道数有十八镶之称，发展到极致的可以连旗袍本来的面目都看不出。袖口内缀接可以拆换的华丽袖头，袖头还要镶滚繁多的花边，乍看上去似乎穿了好几件考究的衣服。总之就是不择手段把面子撑足，而衣服内人的曲线则全然不顾。在满清三百年的统治下，女人竟没什么时装可言！一代又一代的人穿着同样的衣服而不觉得厌烦……削肩、细腰、平胸，薄而小的标准美女在这一层层衣衫的重压下失踪!”不过失踪止于20世纪20年代，从政治层面到衣服层面，中国都发生了彻底的转变。重现的旗袍褪去了服装制度的假皮，镶滚简单了，色泽也淡雅起来，刚摆脱封建压迫的中国女性，猛然惊醒，身体曲线居然沉睡了至少300年。于是诞生了现代摩登旗袍，胸部高挺，腰身收紧，一种厚重的老于世故的美，最适宜包裹细瘦浑圆体形下，一颗饱受欲念与情调双重煎熬的心。最经典的颜色是带有一点点悲剧感的，譬如阴蓝、深紫、玫瑰红、鹅绒黑——十几年前，一部《花样年华》又引发了一股春花烂漫般的旗袍热，影视剧往往就偏爱张爱玲背后这一段老上海风情，比如《风月》《摇啊摇，摇到外婆桥》《胭脂扣》《红玫瑰与白玫瑰》《半生缘》《海上花》《长恨歌》《色·戒》——在这些女明星身上，一样的旗袍，飘逸出来的风情是不一样的。张曼玉的上海是长巷深处少女一声无喟的叹息。巩俐的上海是十里洋场一片靡丽的华灯与鬓影。梅艳芳的上海是一朵黑色的菊花，不知是焦枯了还是正在徐徐绽放。叶玉卿的上海是一团白色的草纸，一截白色的肚皮。周迅的上海是眼中晶莹的哀伤，照不亮心头的黑暗。赵薇的上海是莽撞与轻信，华丽与清寒，单纯与放荡。她们身着宝蓝或桃红色旗袍，摇摆着腰肢与媚眼，穿过梦幻的老上海，款款依依淡入人们的记忆深处。

压箱底的老祖母的衣裳

老上海旗袍风情只有到了张爱玲笔下才发了酵，变成了酒，迷醉了一代又一代爱美的人。关锦鹏的《红玫瑰与白玫瑰》，华丽的外表潜藏的肉欲，痛苦不堪又无法摆脱。许鞍华的《半生缘》是写实，李安的《色·戒》是写意，最得张爱玲精髓的反而是王家卫的《花样年华》，《花样年华》据说是在张爱玲住过多年的常德公寓拍的，乱世、快乐而不自信，迷恋于无端、片刻的欢愉，还有美轮美奂的旗袍和便当盒、雨后的街角一起被蓄意夸张。

晚年张爱玲定居美国后，在很多场合仍是一身旗袍打扮，不过已不及当年那般惊世骇俗。据说，她死前最后一件衣裳是一件磨破了衣领的赭红色旗袍，像极了她曾经绚烂一时而后却平淡寂寞的一生。

临水照花人：织锦缎旗袍

张爱玲曾经说过这样的话：再没有心肝的女人，说起她“去年夏天那件织锦缎夹袍”时候，也是一往情深的。一句话说到女人骨子里，再没有心肝的女人，对穿过的衣裳，也有一份发自内心的依恋——“依”字应该将“人”字旁去掉，改成“衣”，“依恋”在张爱玲眼中就是衣恋，恋衣。

“张爱玲”三个字现在多半不是名词，而是形容词，形容一种生活品位与时尚，张爱玲的背后是上海滩，是老爷车、藤木椅、青花瓷、织锦缎、绅士怀表、手摇唱机、周璇的老歌，还有昏黄的汽灯、微甜的红酒——织锦缎是不可缺的道具之一。看过一张张爱玲的著名照片，她手叉细腰斜视天空，一副目中无人的姿态，那件上衣就是织锦缎面料，只是不能称为袍，而是夹袄。那是 1954 年，她在香港，正打算前往美国。

上海的一个时装设计师邵艾水为了再现这件织锦缎夹袄实在花尽心思，他唯一的参照物就是这幅照片，照片是黑白的，如何还原成彩色让他一筹莫展，先是以为浅绿配紫红，怎么看颜色也不协调。最后他在书上发现，张爱玲喜欢大红、葱绿、柠檬黄、士林蓝——这几种颜色中最有可能是葱绿。张爱玲在《更衣记》中描述了 19 世纪流行的“云肩背心”，盘着大云头的黑缎宽镶。邵艾水最终认定，这件衣服就是葱绿织锦缎加黑缎宽镶。最后的成衣是葱绿织锦布料，有如意和寿字图案——葱绿的颜色有些暗，正好衬托了这位“临水照花人”。

香水锦缎，最适宜制作旗袍

织锦缎是丝绸的一种，蚕食桑叶吐出千丝万缕，千丝万缕织成香水锦缎，春水一般柔滑，春雨一样微凉，女人无法不爱。在老上海时代，织锦缎几乎是做旗袍的首选。有人说：“一个民族有一条服装路。”这话说得很对，旗袍，不管是从原始社会的襦衣还是到西周时期的“续衽钩边”的深衣，不管从汉代民间的肥襦裙还是到南北朝时期的大口裤，不管从宋朝的对襟旋袄还是到明代的云肩比甲挑线裙，旗袍就是这条路上花一样冒出来的美人，它和众多的古代缤纷霓裳一起在时尚的风中飘飘摇摇，这就是人们对中国的最深切印象。它是到了老上海时代才收了腰，并且越收越紧。它是到了老上海时代才开了衩，并且越开越高。这是没有办法的事，时光已经到了老上海时代，海派洋风劲吹，但是古典的底色一时不能摒弃，古典与现代结合摩登旗袍就出现在上海滩，太太小姐明星女伶们穿着它招摇过市。

张爱玲曾生活在两种截然不同的家庭中，一边是父亲的遗老遗少家，那里弥漫着鸦片烟、颓废和死气沉沉。一边是母亲的开明家，那里有钢琴、油画和西洋礼仪，有母亲“蕴藉华美的朋友”。因此，张爱玲身上糅合了两边的气质，穿旗袍时会搭上前清夹袄，甚至前清样式的绣花袄裤。母亲教她油画，使她对旗袍的色彩相当敏感。清刺绣喜好冷暖对比和明艳色系，因此那时的旗袍色彩对比大胆，常用不同色系的蓝对比不同色系的红，无比艳丽华贵。张爱玲后来说：“色泽的调和，中国人新从西洋学到了‘对照’和‘和谐’两条规矩——用粗浅的看法，对照便是红与绿。和谐便是绿与绿。殊不知两种不同的绿，其冲突倾轧是非常显著的；两种绿越是只推扳一点点，看了越使人不安。红绿对照，有一种可喜的刺激性。古人的对照不是绝对的，而是参差的对照，譬如说：宝蓝配苹果绿，松花色配大红，葱绿配桃红。”她还说：“衣服是一种言语，随身带着一种袖珍戏剧——贴身的环境，那就是衣服，我们各人住在各人的衣服里。”

对张爱玲来说，她的“衣服言语”就是旗袍，她非常喜欢旗袍，她有各式各样的旗袍：织锦缎的旗袍传统而华贵；稀纺旗袍，轻盈而妩媚；镂金碎花旗袍，华丽而高雅；黑平缎高领无袖旗袍，凄美哀愁不失神秘。如今她已经远远地离开这个红尘滚滚的人世，她穿旗袍的形象已深深地烙印在中国人的记忆之中，宛若时光的花，永不凋谢。

零乱不堪的爱情错觉：藤蔓缠绕的青色旗袍

青色的旗袍，浅浅的青，淡淡的青，蚕豆那样青，鸭蛋那样青，藤蔓似的纹饰缠绕着刘若英，在这里她就是张爱玲，斜倚在水边老屋的木廊柱上。雨一直在下，一直在下，藤蔓在纷纷扬扬的雨水中疯长，缠绕着攀附着张爱玲，把她当成了一株树，一株开红花的树。

喜欢这样的影视，长长的一部连续剧——《她从海上来》，张爱玲一生，就是一部连续剧，剧集就是人生片段，过滤了命运大开大合大起大落，只剩下安详、优美的片段：青色旗袍上有隐隐的纹饰，一如藤蔓缠绕，一如缠绵心事。赵文瑄一身靛蓝衣衫端坐在青石台阶上，脚下黑布鞋，手中黄布伞，眉头微蹙。在这里他就是胡兰成——雨一直在下，长长的雨季笼罩了长长的人生，拱桥、流水、鱼鳞瓦、乌篷船……人生如河水静止不动。隔雨相望，雨花落在屋瓦上，打在布伞上，掉在水面上，波纹明明灭灭——江南的气息，南方的滋味，淋湿了人心，心尖上长满了青苔。看《她从海上来》，仿佛经历一场长长的雨季，一场又一场黄梅雨与我们不期而遇。

在《她从海上来》里，张爱玲不是这样尖锐与疼痛，更多的是安静与家常，和胡兰成在菜场买菜，那应该就是爱丁顿公寓后面的静安寺小菜场，她一双绣花鞋，浅粉红色，短袖旗袍也是浅粉色，粉色有点淡，像春阳下的杏花。胡兰成手里拿一把芹菜，他穿马甲与衬衫，马甲是米色的，长裤也是米色的，有粗粗的条纹，说不出的温和与雅致。或者在漫天飞舞的杨花中，两个人共坐一辆黄包车，篷架是放下的，阳光笼罩春风扑面，胡兰成一身细格子青布长袍，张爱玲穿白底起花的布旗袍，一件镂空的披肩，渔网一样披在肩头。

旗袍对张爱玲来说就是无声的语言，是她的“袖珍道具”，想不出张爱玲除了旗袍，还有什么样的衣裳适合她？在独特的个人特征背后，张爱玲的旗袍还蕴含了鲜明的时代的地域的特征。20 世纪 40 年代兵荒马乱，但是海上飓风浩浩荡荡吹进霉味扑鼻的中国，却意外吹开旗袍之花，这应该是一朵奇葩，张爱玲作为一朵女人中的奇葩，她爱上旗袍一点也不奇怪，奇葩之人爱上奇葩之物，也算是惺惺相惜。后来到美国定居，在那个大洋彼岸让她极度不适应，文化上不认同也就罢了，没有旗袍的日子让她无法度过。她在经历了长久的忍耐之后，在她带去的那几件旗袍都磨损了以后，她提笔给在香港的好友邝文美写信，要她帮她在香港定做旗袍。她发挥她一贯的绘画特长，画出了旗袍的样子，对颜色、花型、滚边、盘扣都提出自己的要求。更奇葩的是，她特地标注了她的三围尺寸：32、27、36——这尺寸应该是英寸，换算成厘米的话，就是：81、69、91。如果再换算成市寸的话，那就是2 尺 4 寸、2 尺、2 尺 2 寸——这样的身材称得上窈窕。不过，仅仅过了几天张爱玲又来信说臀围 37.5 英寸正合适，让邝文美把臀围再放大一些。到了 3 月，她再次写信说最近又瘦了些，过去标注的尺寸正合适。遇上这样的事儿妈，我想邝文美只有叹息。

张爱玲那“像两片薄叶子贴在一起”的身材即便在女生中也是一绝。特别是她举着油布伞出现在烟雨江南时还是美的，最美的还是那件藤蔓缠绕的青色旗袍，两个人在水码头边无言相对，雨一直在下，湿淋淋的心事——这里是乌镇，还原的是当年温州的离别。之前她曾在小巷里堵住胡兰成，求他在她与护士小周之间作个选择。胡兰成一派胡言，只想哄她回上海。她彻底灰了心，站在船上，看离别的岸以及岸上那个拒绝她停靠的人，“一人撑伞在船舷边，对着滔滔黄浪，伫立涕泣久之”。回上海后，她就寄来了那封著名的信：“我已经不喜欢你，你是早已不喜欢我了。”

导演的安排是对的，在这里，张爱玲就应该穿那件藤蔓缠绕的青色旗袍，兵荒马乱的逃亡之旅，劳燕分飞的爱情错觉，乱麻一样的心事一定就是这样，如青草在疯长，如藤蔓在缠绕。

有生命的衣裳：矮领子布旗袍

小裁缝的手艺无法满足张爱玲的服装瘾，她只能亲手制作服装来表达自己的主张——在香港读书时，连连得了几个奖学金，省下点钱，便自选衣料，自己设计。这件衣服她弟弟张子静曾见过，是一件矮领子布旗袍，大红底子，上面印着一朵一朵蓝的白的大花，穿的时候要像套汗衫一样钻进去，两边没有纽扣，领子下还打着一个结，袖子短到肩膀，长度只及膝盖。张子静问她是不是香港最新样子，张爱玲笑道：我还嫌这样子不够特别呢！

张爱玲因为打仗放弃读书从香港回来，张子静明显感觉到她变得很洋气，标志之一，就是这件她亲手制作的矮领子布旗袍。张爱玲小的时候她就痴迷华服，仿佛天生如此——多半还是受家庭和母亲的影响，《对照记》里有她多张童年照片，每一张都衣着得体精致，色彩永远那么和谐，这背后若没有一位讲情调、有品位的大人，那是不可思议的。记得一张她坐在古铜色藤椅上的照片，面团似的，微微笑着，一身淡蓝色的薄绸连衣裙，领口和袖口都一色纯白，白袜黑鞋，脸上有胭红，电影里小童星似的。后来她飞快地长大，衣服更多，总是嫌日子过得太快了，突然又长高了一大截子，新做的外套不能穿，葱绿织锦的，一次也没上身，已经不能穿了，以后一想到那件衣服她就很伤心，认为是终身的遗憾。在张爱玲眼里，衣裳是有生命的，曾和自己肉体相连肌肤相亲，贴心贴肺，是另一个自己，情如姐妹——就像在香港拿奖学金做的那件矮领子旗袍，于

矮领子布旗袍

她又怎么可能轻易遗忘？

她最爱的只能是旗袍，古典又现代，时尚又保守，她说衣裳是“随身携带的戏剧”，不同的时代这“戏剧”也在不同的时空上演。当年她走红上海滩时，到处以奇装炫人。有一次，《倾城之恋》改编为舞台剧，她去见老板周剑云，穿的是自己设计的服装，就是一袭拟古式齐膝夹袄，超级的宽身大袖，水红绸子，用特别宽的黑缎镶边，右襟下有一朵舒卷的云头——也许是如意。长袍短套，罩在旗袍外面。《流言》里附刊的相片之一，就是这种款式。这副行头不但给周剑云，也给世人留下极其深刻的印象。也可以这样说，世人眼里的张爱玲就定格在这一刻。

张爱玲这张穿拟古式齐膝夹袄的照片现在到处都可以看到，据说原照背面有她题写的一行字：有一天我们的文明，不论是升华还是浮华，都要成为过去。然而现在还是清如水明如镜的秋天，我应当是快乐的。可以想见，穿拟古式衣裳的张爱玲心里好比是清如水明如镜的秋天，是快乐而愉悦的。身在民国时代，她好像对民国服装并不倾心，更眷恋古人穿衣，说那是“婉妙复杂的调和。”到了1949年上海解放，满大街都是一字领的人民装，不是黑就是蓝。但是生存的力量太强大了，强大到像张爱玲这样的大女人也不得不在政治面前低下高贵的头——那是1950年或1951年，张爱玲还没有去香港，那时候实行配给制，配给布，发给她一段湖色土布，一段雪青洋纱，她就拿去做了一件喇叭袖唐装单衫，一条裤子。排队去登记户口，就穿着这套家常衫裤。街边人行道上摆着一张巷堂小学课室里那种黄漆小书桌，穿草黄制服的大汉伏在桌上写字，西北口音，似是老八路。轮到她，大汉一抬头见是个老乡妇女，便道：认识字吗？张爱玲一愣，忍不住窃笑起来，咕哝了一声：认识——心里一时惊喜交集。她一点不像个知识分子，像个老乡妇女，这可能正是她想要做的人，工农群众那时候多吃香啊，知识分子远比不上，搁前几年，上海滩最出名的女作家你把她当成老乡妇女，还问她识不识字？张爱玲不骂你小赤佬也会给你两白果——真是此一时彼一时，生存是一种本能，就算张爱玲这样心比天高的人，也不得不低下眉眼，心里暗暗感谢那身喇叭袖唐装单衫吧——它成了她的保护装，一如战士身上的迷彩服。后来去香港办护照，她就是穿着这身衣服拍了照片，这张照片也用在她的户口簿上，一身喇叭袖唐装单衫，头发略略过耳，一张脸很大，就是胡兰成所说的“正大仙容”“像平原缅邈，山河浩荡。”眉眼间完全消失了昔时的张狂，一副乖巧低眉的良家妇女模样，所以才被同志问了一句：识不识字？正是这脸老实相“骗”了人，当她提出要去香港时，审查得并不彻底，甚至不知道她以写作为生，批准后，同志马上和颜悦色起来，还说她“这位同志的脸相很诚实”。

张爱玲是属于旗袍的，或者说旗袍属于她。她只有穿上旗袍才会生动起来妖娆起来，因为旗袍是有生命的衣裳。张爱玲有很多旗袍，购买的自制的，高领子的矮领子的，紧身的直筒的——她名字中间有一个“爱”字，其实也可以这样说：张爱玲的爱就是对文字的爱，对旗袍的爱。

高处不胜寒：白绒线衫下的碎花旗袍

1950年，上海召开第一次文学艺术界代表大会，张爱玲应邀出席。季节是夏天，会场在一个电影院里，她坐在最后排，穿着一件碎花旗袍，外面罩了件有网眼的白绒线衫，使人想起她引用过的苏东坡词句——高处不胜寒。那时全国最时髦的装束，是男女一律的蓝布和灰布中山装，后来因此在西方博得"蓝蚂蚁"的称号。张爱玲的打扮，尽管由绚烂归于平淡，比较之下，还是显得很突出——没有人能想象得出张爱玲若是穿上中山装，那会是什么样子？

张爱玲做人还是有底线的，好像在几年前一个什么"东亚文学工作者会议"她就坚辞不就，还在报上登了一个声明。这次上海第一次文学艺术界代表大会，她来了，虽说是坐在最后一排，但毕竟还是参加了，她在旗袍外套了一件有网眼的白绒线衫，在一片蓝布灰布的中山装之间，她仍是另类的，突出的。张爱玲似乎对绒线情有独钟，这些细节应该源自于她亲身经历过的生活。从老报刊上看到过，老上海时代上海滩流行绒线衫，是一种西方传入的时髦。1937年夏天，上海裕民毛绒线厂举办过绒线编织有奖竞赛，参赛作品样式不拘，但得使用超过半磅的绒线。编织绒线是上海女子的时尚，张爱玲应该不会结绒线衫，但在夏末秋凉之时，她喜欢在旗袍外面套件绒线衫，她把这一习惯带到会场上来了，这是她第一次参加政府举办的文化活动，似乎也是最后一次。

与她当红时惊世骇俗的拟古式齐膝夹袄和前清式样的绣花袄裤

相比，这身碎花旗袍实在再普通不过。但是因为身在1950年的上海，她的旗袍装还是分外引人注目。其实穿这身碎花旗袍出来让她颇为忐忑。和姑姑在家商量来商量去，实在找不到合适的衣裳。她在香港读书时，曾有女同学听说马上要打仗了，哭着说："这可怎么办？我没有打仗的衣裳穿。"这些富家女孩子从小就知道什么场合穿什么衣裳，会客、宴请、郊游、约会——都会有相应的服装。突然要打仗了，她们到哪里找到战袍呢？就如同张爱玲，突然通知她参加会议，她到哪里借到人民装？最后她还是穿一身旗袍过来，再罩上一件有网眼的白绒线短衫，想必是冲淡一下旗袍风情。入场的人士都会看她一眼，然后远远地离开她——她一如既往地那么触目，这让她如坐针毡。她的碎花旗袍也与台上陈毅市长的讲话格格不入，她这个人也与大家格格不入，她最后的离开是必然的，这一身罩在白绒线短衫下的碎花旗袍，注定了她在中国大陆的悲剧性结局。

除了旗袍，在张爱玲小说里也时常可以见到结绒线、穿绒线衫的女子，"庞太太自己的眼睛也非常亮，黑眼眶，大眼睛，两盏灯似的照亮了黑瘦的小脸，她瘦的厉害，驼着背结绒线衫，她身上也穿了一件紧缩的棕色绒线衫"。这样的描写在张爱玲小说里比比皆是，在那个时代，要说什么是最具海派特性的女人形象，我想，是结绒线。绒线工艺自西洋传入不过百来年，却已与旗袍、绣花鞋、爱司头融合在一起，构成上海近代海派贤妻良母的新形象，这三者有时候缺一不可，是最佳搭配，绝配。旧时上海女人赞同能干，总有一句："她一手绒线生活漂亮得不得了。"上海女人称结绒线为"绒线生活"，是很海派的近代女红，直到20世纪六七十年代前，结绒线一直属中上层上海女人的沙龙式女红。据女作家程乃珊说，在上海无时尚可言的岁月里，绒线衫扮演着举足轻重的角色。聪明的上海女人看一场西哈努克夫人出访的纪录片，一出阿尔巴尼亚电影，不出一个星期，淮海路上就出现酷似《第八个是铜像》女主角那身黑白粗花呢大衣，还有莫尼克公主滑雪衫上翻出的毛皮领——都是用绒线结出来的。天生善打扮的上海女人，就是这样用两根竹针一团绒线，为大上海死守着那仅有的一片可怜的都市风尚，这是一个城市最后的点缀品。

旗袍外套一件网眼的白绒线衫，张爱玲的形象一直烙印在上海文化人的记忆深处，也是她留给中国大陆文坛最后的惊鸿一瞥。

臆想中的美色：瓷青色薄绸旗袍

在《沉香屑·第一炉香》里，葛薇龙是一个貌美如花的女孩子："乔琪和她握了手之后，依然把手插在裤袋里，站在那里微笑着，上上下下地打量着她。薇龙那天穿着一件瓷青薄绸旗袍，给他那双绿眼睛一看，她觉得她的手臂像热腾腾的牛奶似的，从青色的壶里倒了出来，管也管不住，整个的自己全泼出来了。"瓷青色是什么颜色？当然是青瓷那样的颜色。张爱玲不知道在《第一炉香》还是《第二炉香》中写一个美丽的女子大冬天穿一件青莲色薄呢短外套，系着大红细褶绸裙，冻得直抖——我惊异女孩子身上那件青莲色外套，青莲色是什么颜色？青青莲叶颜色？还是青青莲子颜色？瓷青色薄绸旗袍和青莲色薄呢短外套，哪一种颜色更好一些？我更倾向于葛薇龙的瓷青色，因为就视觉来说，瓷青色薄绸旗袍肯定比青莲色薄呢短外套更出跳一点，更入眼一点，因为它是旗袍，在张爱玲时代，哪一种服饰能比得过旗袍？

旗袍因为展示东方女性美的神韵，一夜之间在上海滩红得如火如荼，招引得富家女、女明星、风尘女趋之若鹜。女明星胡蝶发明在旗袍下摆上缀上三四寸长的蝴蝶边，袖口缩至肘上，相应缀上蝴蝶褶。胡蝶旗袍一上电影，立马风行上海滩。另一位女星顾兰君大胆将旗袍开衩至大腿处，同时又在袖口开了半尺长的大衩，抬腿跨步，两条玉腿若隐若现欲遮还露，顾兰君新潮旗袍一时又成了沪上时髦女性新热点。著名交际花薛锦园衣不炫人死不休，在旗袍四周

老上海歌女白虹、姚莉、周璇、李香兰、白光，人人都酷爱旗袍

镶上一圈光彩夺目的珍珠花边，当她在南京路大东舞厅和百乐门舞厅盛装登场时，一时万众瞩目，一夜之后，薛锦园旗袍又风靡上海。弄堂里小家碧玉追不上大家闺秀，不敢像顾兰君那样豪放，也不能像薛锦园那样奢侈，可毕竟是上海女子，她们也不甘落后，在旗袍领或袖上花尽心思下足功夫，发明了西服翻领、荷叶袖、开衩袖、荷叶边、不对称蕾丝边等。或在外面加上西服外套、绒线衫、薄呢背心、脖子上系纱巾或搭围巾，从弄堂深处袅袅婷婷而至，尽显优雅别致风情万种。张爱玲本质上还是个保守的女子，她自己可以穿前清老样式袄裤，也可以穿一身拟古式齐膝夹袄，众人围观她飘飘欲仙——开衩至大腿的旗袍，那是打死她也不肯穿，她从来只让笔下女子穿得优美绝伦，至于青莲色或瓷青色到底是什么样的颜色，我相信她自己也分不清，她只是痴迷青莲色、瓷青色这些字词，痴迷自己臆想中的美色。

胡兰成的侄女青云到了80多岁还记得张爱玲："她人不漂亮，鞋子是半只黑半只黄，喜欢穿古朝衣裳，总归跟人家两样子。"别的作家写人物衣着，往往粗针大线，只求达意。张爱玲绝不肯马虎，力求细致准确，有时候读她的小说，就好像在看服装秀，每一个太太小姐出场，都带出一片锦绣——其实她自己一生仿佛都在服装走秀，弄堂里的小裁缝显然不能满足她，"我们的裁缝是没有主意的，公众的幻想往往不谋而合，裁缝只有追随的份儿。"因为爱做衣裳，所以张爱玲认识远的近的很多裁缝，每次拿来布料和画报上的服装样子，那个肩膀上搭着皮尺的浦东裁缝总是咂嘴："这个不好做，这个做不起来。"张爱玲一次一次去裁缝店，耐心指点小徒弟老师傅该如何收腰，该如何盘扣。她最终成了最不受欢迎的客人，小徒弟对她不耐烦，老师傅对她不待见，他的恼怒写在脸上：我做了一辈子裁缝，难道不如你吗？但是张爱玲也不服气，千叮咛万嘱咐最后做成的旗袍不是她想要的样子，她花了钱买了气最终旗袍不能穿，只好永远压箱底。

也许就为了改变这现状，她和炎樱一起谋划着替人设计时装，广告在一家杂志上刊登出来了，"炎樱与张爱玲合办樱炎时装设计，大衣、旗袍、背心、袄裤、西式衣裙。电话时间：38135，下午三时至八时。"不知道这念头是张爱玲一时兴起，还是经过周密计划，找上门的顾客不多，都设计了什么样的时装现在也不得而知。估计一些客户一听张爱玲大名就有点望而却步，谁敢穿着前清老样子袄裤和一袭拟古式齐膝夹袄走上繁华摩登的霞飞路啊？毕竟张爱玲只有一个，也只能出一个。

荒腔走板的苍凉与寂寥：立领中袖青布旗袍

缪骞人是素淡的，也是寂寞的，她的寂寞穿在身上也写在脸上——也许是比寂寞更深一层，是寂寥。不知道是许鞍华的有意安排还是缪骞人的本性如此，照我的设想，《倾城之恋》应该是浓情的，热烈的，可是这部张爱玲的电影里，却有点萧索或暗淡，如同踩着落叶走进黄昏、走进秋天。

我指的是服装，或者专指女主角缪骞人的服装，相对于周润发的范柳原而言，缪骞人的白流苏有点木讷，或者说这个离了婚又回到娘家居住的女人在七大姑八大姨面前就是如此，一个没有文化的又离了婚的女人，一个再没有戏的在家中吃白饭的女人，她的心里装着一潭死水，反映在着装上便是一成不变的暗淡，像张爱玲说的："……长年地在灰色、咖啡色、深青里打滚，质地与图案也极其单调。"而且款式永远不变：立领、中袖，甚至包括发式——齐耳的短发，从开头到结尾。似乎范柳原对她的打扮也不太满意，这样对她说："第一次见到你，就觉得你不该穿西装。"这近乎是一句废话。或者是："你知不知道，你最擅长的是低头？"在这里，范柳原需要的是，一低头的温柔。可是缪骞人无论月白色旗袍或细格子旗袍，抑或暗蓝色或纯黑色旗袍，给人的印象永远都是羞怯的，暗淡的，她和张爱玲小说中那个白流苏不同——那个白流苏是鲜活的，压抑中略带一点热辣，人与衣是融为一体的，或者说霓裳是她的另一层皮肤。在许鞍华电影里，没有霓裳，只有衣服——或许在他们激吻之后电影中才泄露了一点，给缪骞人加了一件粉红外套，不过那片粉红色也是褪了色的粉红，一如风雨中打落在地的桃花。

张爱玲痴迷自己笔下浓墨重彩与霓裳缤纷，无论是前清样式的绣花袄裤或宝蓝绸袍，出现在哪儿都会引起惊羡和注目，像《色·戒》里王佳芝试穿一件宝蓝色旗袍，易先生冷冷地命令道："穿着!"王佳芝渴盼的目光是热烈的，她爱的就是老易的冷酷。或者是王佳芝陪易太太逛街，蓝天白云下，陈冲一身浅紫色碎花旗袍，宽大的墨镜遮了半张脸，一回眸的神态风情万种。在这里，衣裳是心灵的一部分，是活的，这正是张爱玲的美学理想，用她的话说就是"袖珍戏剧"，荒腔走板的胡琴声中，生命是这样怪异，人生又是如此简单，只需一粥一饭，只要一布一衫就可以做到心满意足。

对许鞍华来说，早先拍《倾城之恋》只是初次结识张爱玲，作为一个女导演，她对女作家的作品有一份先天的认同——从服饰角度上分析人物，许鞍华抓住了张爱玲的本质，《倾城之恋》获得过台湾金马奖服装设计奖，现在看来一点也不偶然。许鞍华用笔简朴而寂寥，与《半生缘》完全不同。《半生缘》的服装就是诗意与感伤——千言万语，寄托在男女主人公那一款款式样相同颜色接近的风衣式大衣上。许鞍华说：拍《倾城之恋》时我对张爱玲相当陌生，而到了《半生缘》，则有一种出神入化的境界，常常与张爱玲合二为一。虽然不同年代的张爱玲也在变化之中，但是不管丝绸锦缎抑或宽袍大袖，她喜欢旗袍的华丽与摩登一直没变，《倾城之恋》里许鞍华又一次把准了张爱玲的脉。

所以，在电影的最后，我们都听到了沈世钧那句最经典的台词："穿了我的衣服，就是我的人。"这样的求婚最得张爱玲神韵。在这里许鞍华不用泼墨，只用简笔，寥寥几笔韵味十足，比如硝烟散尽后两个人走进野鸽横飞的家园，白流苏一身墨绿的旗袍配红色绣花鞋，正是张爱玲的“红配绿，看不足”，红绿之间，生之趣味就是饮食男女。包括两个人在码头相见，风雨中，她一身绿雨衣，他说：“像药瓶，是医我的药。”一句话暴露了范柳原的软弱，原来他也是寂寥的，人生的底色，其实就是一片苍凉与寂寥——从这个角度来看，许鞍华这样给缪骞人穿那身立领中袖青布旗袍倒是十分贴切。

花纹里透着阴霾：大红缎子滚边花旗袍

张爱玲曾毫不留情地说过这样一句狠话：中国女人的腰与屁股生得很低，背影望过去，站着也像坐着。这话应该是一种偏见，如果此论断成立的话，上海滩美轮美奂的旗袍就不可能红起来，旗袍一大特点就是勾勒身段，“站着也像坐着”，这样的旗袍你叫女人怎么穿出去？

张爱玲是穿旗袍的高手，也是写旗袍的高手，她笔下那些太太小姐，谁没有一箱箱一笼笼彩锦霓裳、绸缎旗袍？旗袍大多鲜艳妩媚才好看，像《怨女》里那个冬梅，“烫了个飞机头，穿着大红缎子滚边的花绸旗袍，向太太和少爷磕头”。这样的旗袍走到哪儿都引人注目，大红缎子，滚边，还是花绸子，配上刚刚烫好的飞机头——一看就是当家主事的风格，气势上首先压了人一头。事实也正是这样，大红旗袍果然“给冬梅提高了身份，把前面房间腾出来给她，拣最好的佣人伺候她，叫她管家，夸得她一枝花似的”。

张爱玲曾用“束身旗袍，流苏披肩，阴暗的花纹里透着阴霾”来描写老上海女性的时尚穿着，这种中国式的裸露、颔首低眉的女性温婉形象，长久以来一直在几代人的记忆里久久萦绕。《花样年华》中张曼玉每每身穿旗袍出场，款款锦绣艳惊国际。在上海这个小资的城市，旗袍风潮被蒙上了浓郁撩人却又高贵典雅的色彩，既复古又时尚，既含蓄又开放，不知爱死多少玲珑玉女。可旗袍的花样年华再也没有回归，也无法回归——一个古典唯美的时代已经逝去，生活节奏的加快、内在心理的嬗变，乃至生活环境的变迁，让旗袍之花只能绽放在时光深处、光影之间。

张爱玲的闺蜜苏青也酷爱旗袍，苏青在小说《结婚十年》中写道："老黄妈替我拿来件绸旗袍，浅蓝色，像窗格子外面的悠悠天空。我把它披在身上，似乎觉得宽宽绰绰地，只有靠腰围一部分显得窄些。我半对着老黄妈，半像自言自语地抱怨道：怎么满月了肚子还不小呀？怪难看的——垂下头瞧自己拂地长的旗袍下摆时，只觉得一切都空荡荡的，好像做了一场梦。"

《结婚十年》通篇是"我"的口述，有苏青的自传性质，浅蓝色旗袍出现在苏青小说中好像不协调，它应该是张爱玲的衣饰，可能那时候苏青婚后不久，刚刚才生孩子，她还保留着大小姐的娴雅，所以她还幻想着要穿浅蓝色绸旗袍。当她孩子一个个出世，一直到有了第三个，可以在她身后排成一队时，风雨这时候才骤然而至——有一天，她伸出手，手心是向上的，朝老公要钱家用。这时候老公也伸出了手，手心却是向下的，并且直扑过来，甩在她的脸上，紧接着甩下一句话：你也是知识分子，为什么你花钱找我要？一巴掌将苏青打蒙了，也打醒了，她带着一支笔，带着三个嗷嗷待哺的孩子杀入男人群讨饭吃。这种生活重压决定她与张爱玲人生观的不同，反映在穿衣戴帽上，便是很大的分歧——嫁汉嫁汉，穿衣吃饭，她嫁了汉，饭吃不上，衣更穿不成，她不会再对男人抱有点滴幻想。张爱玲不会这样，起码现在不会，男人还没有伤透她的心，她初尝蜜糖，蜜糖后面紧跟着是黄连，她没有吃到，她不会相信。女人都会弱智，非得苦到她龇牙咧嘴才会相信。文人相轻在这里是错的，观念的差异并不妨碍她们做一对姐妹，张爱玲对记者说过这样的话：只有拿她与苏青相比她是心甘情愿的。

虽然什么样的女人都可以穿旗袍，但是穿得好不好、有没有品位，也是要看人。女人选择旗袍，旗袍也在选择女人，最适宜的，是那些安静的温婉的又身材高挑眉目清秀的女子，就像《十八春》中的曼桢，张爱玲这样写她："曼桢来了，说：早。她穿着一身浅粉色的旗袍，袖口压着极窄的一道黑白辫子花边。她这件衣服世钧好像没看见过。她脸上似笑非笑的，眼睛也不大朝他看，只当房间里没有他这个人，然而她的快乐是无法遮掩的，满溢出来的生之喜悦，在她身上化为风情万种。"

恋爱中的女子，一身浅粉色旗袍，与爱人相守一处，这简直就是美与爱的化身。

美得有点惊心动魄：樱桃红鸭皮旗袍

张爱玲在《心经》里写过一个漂亮的女孩子段绫卿，因为是夏天，她家客室主色调是清冷的柠檬黄与珠灰，就在这片迷人的颜色里，段绫卿含笑站在那里，她“颀长洁白，穿一件樱桃红鸭皮旗袍……”如此漂亮的富家小姐，一身樱桃红鸭皮旗袍站在一片柠檬黄与珠灰中，美得有点惊心动魄，段绫卿这个名字就像一匹绫罗绸缎，仿佛可以用手抚摸。

给张爱玲做旗袍的造寸服装店至今仍在

张爱玲一生最爱的衣裳是旗袍，也只能是旗袍，即便冬天，她也离不开旗袍，她自己设计了一种“风凉旗袍”，画了样子拿到造寸裁缝店里去做。那时候张爱玲和母亲住在南京西路梅龙镇酒家那条弄堂内，弄堂口就是国际饭店，边上就是造寸裁缝店，本来叫张记服装店，还是张爱玲将店名改成造寸裁缝店。张造寸是老板的名字，张爱玲认为“造寸造寸，寸寸创造，把我们女人的衣裳做得合身漂亮。”可能因为她是上海滩走红的女作家，老板就依了她。张爱玲每次拿了布料和图样来，总是不找老板，找大师傅，大师傅手艺好，又听话，拿什么样子就照什么样子做。而老板造寸总以为自己是老板，看到张爱玲那奇特的样子，总认为不合规矩，要改一改，弄得张爱玲不开心，而且还不好直说，吃哑巴亏事小，主要是她那些奇特的想象不能化为衣裳穿在身上，这是要她命的。

给张爱玲做衣服的大师傅叫吴春山，他后来回忆说：“为张爱玲做过多少件旗袍，我实在记不清了，但每件旗袍都是按图施工，如她冬天穿的旗袍，有绒夹里的，领头不能太硬太高，张爱玲交代过：旗袍领头高而硬，把头颈撑得笔直，坐着写作很不舒服。她喜欢穿紧身、窄长袖、两侧开衩及膝部的旗袍，外加一件海虎绒大衣。春天她喜欢穿低领、束腰带的旗袍裙，这应该是一种连衣裙的样式，与现在流行的没有什么区别。最热的夏天她就穿自己设计的风凉旗袍……”

张爱玲是天生的时装设计师，她能说不能做，并且常常把不切实际的想象加进来，吴春山有时认为太过分，不听她的，两个人就为一个领口一个纽襻发生口舌。有一次张爱玲拿了一块红绸缎进来要吴春山为她做一条红裙子，吴春山认为她人瘦长皮肤白，穿红裙子不适宜，张爱玲说：我就是要穿得鲜艳些——后来这件高腰红裙做成，张爱玲穿了哈哈大笑：我这身红裙穿了，真要妒煞石榴花了。

就在红裙事件不久，上海小报上登了一幅漫画，嘲笑张爱玲以奇装炫人。

苏青的女儿李崇美说，“妈妈和张爱玲常常交换衣服穿着，从来不分彼此。”真的是好，好到可以换裤子穿。都说女人之间没有友谊，到了换裤子这一步，这已不是友谊二字可以概括，应该是莫逆之交。其实张爱玲若真要和苏青换衣服穿，苏青的衣服可能没几件她看得上，就一件中规中矩的黑呢大衣（远不比她的拟古式齐膝夹袄或前清式样绣花袄裤），就是给她她也未必肯穿。这一件黑呢大衣还是张爱玲陪她去做的，那次她和炎樱陪同苏青一同到裁缝店试样子，苏青将衣服套在身上，张爱玲看了看说：“这衣袖不好，这领口也不好，这纽扣更不好，不如不要。”苏青迟疑了一下说：“领口和衣袖可以改，但是纽扣还是要吧，否则不像样子。”苏青做一件衣裳不容易，她拖着一串小孩子讨生活，这一点她与张爱玲完全不同。金性尧在新中国成立后见到苏青，苏青穿着女式人民装。“当时倾国倾城的妇女都是清一色的，要知道在五十年代，这便是风靡一时的女式时装了。苏青为什么不穿？这就是苏青利落的地方，要是换了张爱玲，麻烦就大了。其实，旗袍装和人民装究竟有什么区别？一样是取暖的。”苏青想得很透。苏青晚年吐血而死，连中医出诊费一次 1 元都付不起，那是 1982 年，她的《结婚十年》还在禁书之列。苏青的骨灰被女儿带到国外，她在中国大陆什么也没有，在我的记忆里，她一直穿着那件小说中出现的浅蓝色绸旗袍——一件浅蓝色绸旗袍，才让她一生不枉做一个女人。

张爱玲与苏青人生理想完全不同，反映到衣着上也有天壤之别。张爱玲不会穿苏青的人民装，她身材瘦长，如果穿上段绫卿的樱桃红鸭皮旗袍，应该也会温柔如水，可是她偏不。她就是喜欢以奇装炫人然后再逃避人群，她最缺乏的，其实就是那一低头的温柔。

难以言说的阴柔之美： 月白蝉翼纱旗袍

《倾城之恋》里白流苏相亲时穿的是一件月白蝉翼纱旗袍，月白色蝉翼纱旗袍让她在浅水湾饭店成功俘获了范柳原，范柳原对她说：“难得碰见像你这样的一个真正的中国女人。”张爱玲写道：床架上挂着她脱下来的月白蝉翼纱旗袍，她一歪身坐在地上，搂住了长袍的膝部，郑重地把脸偎在上面。蚊香的绿烟一蓬一蓬浮上来，直熏到她脑子里去。她的眼睛里，眼泪闪着光。

张爱玲时代上海滩的旗袍种类数不胜数，长衫式、高领式、高开式、直筒式、短袖式、荷花式、盖膝式——具体到张爱玲笔下的男子，无论是有条件或无条件的爱，无不借由对衣装的观感而生发。正是看到白流苏一身月白色蝉翼纱旗袍，范柳原才说出：难得碰见像你这样的一个真正的中国女人——继而爱上了她。姜长安瞒着母亲曹七巧去相亲，“长馨先陪她到理发店去用钳子烫了头发，从天庭到鬓角一路密密的贴着细小发圈，耳朵上戴了二寸来长的玻璃翠宝塔坠子，又换上了苹果绿乔琪纱旗袍，高领圈，荷叶边袖子，腰以下是西式的百褶裙”。这都是张爱玲所喜欢的蓝绿色系。《花凋》里的川嫦总穿一件葱白素绸旗袍，想必是旧的，既长，又不合身，“可是太大的衣服另有一种诱惑性，走起路来一波未平一波又起，有人的地方是人在颤抖，无人的地方是衣服在颤抖，虚虚实实实实虚虚，极其神秘”。还有《红玫瑰与白玫瑰》里的振保，从来不大看见她这样矜持的微笑，“如同有一种电影明星，一动也不动，像一颗蓝宝石，只让梦幻的灯光在宝石深处引起波动的光和影。她穿着暗紫蓝乔其纱旗袍，隐隐露出胸口挂的一颗冷艳的金鸡心——仿佛除此之外她也没有别的心”。

不论是白流苏的月白蝉翼纱旗袍还是姜长安看到的苹果绿乔其纱旗袍，你读张爱玲的小说就好像在欣赏旗袍秀，那些美轮美奂的旗袍无论是盛装出行还是淡妆幽居，无不像冷艳的花开在老上海的大街小巷，你可以想象，如果没有旗袍的点缀，那么老上海该怎样冷清与暗淡？那上海还叫什么上海？这也难怪，自民国始，上海滩洋场上女性开始流行旗袍，这一体现女性曲线美的特色服饰成了上海滩一大时髦。晚清时代虽然女性也穿旗袍，但它和上海20世纪二三十年代的旗袍不是一个概念，这是一种改造过的另类旗袍，富家女均趋之若鹜。张爱玲的小说读多了，你会发现，她笔下的人物也是有色彩的，她们适合穿着某一类颜色的服装，比如绫卿是紫色，是那种旗袍上的紫，还有刺绣的花纹，用银线绣在紫色的旗袍上。流苏是白色，纯白色，白棉花的白。七巧是深红色，是与她出场时年龄不相称的深红色。小艾是淡绿色，这个一生悲剧的人物就穿着一身淡绿，淡绿的颜色像她恍惚的一生，她甚至不记得姓氏，不知道老家有几个兄弟姐妹。翠远是藕荷色。苦命的川嫦是那种清透的粉色，她成了家里的负担，老子一个姨太太都养活不起，她是个拖累，她知道下堂妾生的孩子过节吃团圆饭也只能端个凳子放在后面，添副碗筷，随便喂两口，应个景儿。现在，人们对于她也不过是这么回事。她在一寸一寸地死去，她试着乐观。逢天气好的时候，粉色衣在太阳里晒过，枕头上留有太阳的气味，生命的气味，她死在皆大欢喜中。

张爱玲的独特就在这里，她的文字有一种难以言说的阴柔之美，一如她喜爱的中国旗袍，天才的她身穿旗袍，把文字的阴柔之美发挥到极致。穿行在她的文字间，仿佛在月光下跟踪一位身材修长穿着月白色蝉翼纱旗袍的神秘美人，只有中国人能理解这种美，一种独特的文化符号，一个别致唯美的民族心理语言。还是张爱玲说得对，“旗袍是有生命的。”月白蝉翼纱旗袍，她会在白流苏这样的美女身上复活，显灵。

人面桃花相映红的风景：紫色丝绒旗袍

张爱玲为她笔下风情万种的美女曼璐设计的主色调是紫色："慕瑾来了，正在他房里整理行李，一抬头，却看见一个穿着紫色丝绒旗袍的瘦削的妇人，他注意到她的衣服，她今天穿这件紫色的衣服，不知道是不是偶然的。从前她有件深紫色的绸旗袍，他很喜欢她那件衣裳。冰心有一部小说里说到一个紫衣的姊姊，慕瑾有一个时期写信给她，就称她为紫衣的姊姊。"

喜欢按老家的习惯把衣服说成衣裳，人选择衣裳并不是偶然的随意，经济、审美、文化、地域、经历都可以在衣饰中得到体现，所有这一切当然也决定了她的前路与未来，也就是前世与来生。张爱玲曾生活在两种截然不同的家庭中，一边是父亲的遗老家，古墓似的老屋里鸦片烟弥漫，一边是母亲的开明家，那里有钢琴、油画和西洋礼仪，张爱玲身上糅合了两边的气质，穿旗袍时会搭上前清夹袄，甚至前清样式的绣花袄裤。母亲教她油画，使她对旗袍的色彩相当敏感——譬如说：宝蓝配苹果绿，松花色配大红，葱绿配桃红——如此鲜明的色彩对照，让旗袍这种独一无二的女人衣裳显得华丽而高贵，张爱玲不爱是不可能的，她尤其喜欢紫色旗袍，她曾经这样写道："同样的紫，我国古代有紫气东来又有恶紫夺朱的说法——紫色是红与蓝的混合，红是热烈的，蓝是冷静的，燃烧与压抑，引起冲突与不安……"

旗袍这种服装无疑是古典与现代最完美的融合，一个穿旗袍的女人行走在庭院深处，神秘而令人心动，旗袍就有这种神秘风韵——用细腻的笔挑剔地勾画出女性的玲珑曲线，用绚烂的色彩随性地粉饰出一道人面桃花相映红的绝妙风景。旗袍的内敛是遮蔽，从领口一直遮蔽到脚踝；旗袍却也张扬，它的张扬不是暴露，而是泄露，春光乍泄，一条衩从脚踝裁开到腰肢。因为遮蔽而隐秘，因为泄露而增添了想象，令女人大大方方示人的，是美目巧盼；被裹住的，是玲珑身段——旗袍的美是诱惑，却不是诱导；是挑逗，而不是挑明。这其实是最优美动人的古典风韵，一片中国月光。或者说它应该出现在最古典的中国月光下，静谧的幽凉的朦胧的，有古筝旋律为背景，或者有几声若有若无的箫。然后我们可以看到清冷的幽蓝的月光下一地落花，应该是梅花，撒落在小青砖地面上。应该是张爱玲与胡兰成在静安寺庙会上购买的那种双凤绣花鞋，从月亮门那边悄无声息地移过来，手里也许应该执一柄轻罗小扇，不为扇风，也不必扑萤，只是一种装饰。

记得曾经看过张爱玲遗物展，一件墨绿色的旗袍印象最深，隔世衣物依旧散发袅袅沉香，曾经的华丽与苍凉都付与断井颓垣，那旗袍深沉的颜色压抑而令人疼痛，她选择这样颜色的旗袍也是表达她的哀伤与疼痛吧？她从小酷爱画画，所以她对颜色极其敏感，她自己就说：颜色与气味常常使我快乐。女人，特别是一些搞写作的女人，病态似的痴迷某种不为人知的颜色，从李碧华的鹤顶红到李后主的天水碧，一律如此——美食养才女的胃，美色养才子的眼。所谓天水碧，也就是某种青色，某种芳草上的露水颜色，类似于张爱玲笔下的潮湿绿，只是颜色更清淡一点，一如一场春雨后，柳烟笼了一汪青草池塘。

看过一首诗，题为《张爱玲旗袍》：上海沦陷，张爱玲在自己的/ 旗袍里散步/ 月亮白呀，又圆，又大/ 福州路上，那些蓝色青色或黑色的蚂蚁/ 雨滴下来穿过伊人丝绸/ 前方的死亡越积越厚，倾城之恋/ 红遍了 1943 与 1945 之间/ 张爱玲的旗袍，与那些月亮一块沉了/ 它们都曾明晃晃地挂在天上。

诗写得像歌词，颠三倒四，咿咿呀呀的，张爱玲很小的时候就说过：人生是一件华美的袍子，上面爬满蚤子——那件华美的袍子，应该就是紫色丝绒旗袍。

第五章/闺蜜

生活的艺术，有一部分我不是不能领略。我懂得怎么看《七月巧云》，听苏格兰兵吹 bagpipe（风笛），享受微风中的藤椅，吃盐水花生，欣赏雨夜的霓虹灯，从双层公共汽车上伸出手摘树巅的绿叶。

——张爱玲

肉体欢乐的巅峰：八盎司重的香水

《红玫瑰与白玫瑰》中振保在巴黎读书时还是个童男子，是个本分的又性感的童男子，那样子仿佛是照着赵文瑄来写的，这部电影也是赵文瑄和陈冲主演。振保头一次在巴黎接触妓女，张爱玲写道：“外国人往往比中国人身上多着点气味，这女人自己老是不放心，他看见她有意无意地抬起手臂来，偏过头去闻了一闻，衣服上，胳肢窝里喷了香水，贱价的香水与狐臭与汗酸味混合了，是使人不能忘记的异味。”

张爱玲喜爱的香奈儿香水

这贱价香水气味振保酷爱，张爱玲也喜欢，她的嗅觉就是异于常人，曾经如此坦言：“不知为什么，颜色与气味常常使我快乐。”所以，张爱玲常常入了迷似的描写气味，她沉迷于“雾的轻微的霉气、雨打湿的灰尘、葱蒜、廉价的香水”。“用汽油擦洗衣服，满房间都是清刚明亮的气息”。“牛奶烧煳了，火柴烧黑了，那焦香让我闻见了就觉得饿”。她是如此俗气，烧焦的牛奶、廉价的香水她统统喜欢。生活在“赤刮刺新的”老上海，迷恋于烟花红尘，又如何能少得了香水？香水气味一直在她领袖间袅袅四散，她笔下烟视媚行的女子，就宛若一款款或浓或淡的香水。《十八春》里的曼桢是装在水晶瓶里的名贵香水，美丽而易逝。《金锁记》中七巧是劣质香水，机缘巧合地装在水晶瓶中，气味依然刺鼻。《倾城之恋》中白流苏是高档香水，却被随便装在玻璃瓶中，丢弃一角。还好，一个懂香水的男人发现了她，怜香惜玉地收藏起来。

张爱玲酷爱衣着打扮，她走到哪里，自然少不了一个梳妆台，还有梳妆台搁置的香水。西岭雪在《西望张爱玲》中这样写道："淅沥沥的雨下了整个下午，老宅发霉的墙湿了半堵，张爱玲躺在床上捧着《红楼梦》昏昏欲睡，把书捂在肚子上。恍惚间，她看见妆镜前的祖母穿着前清室官家贵妇的衣裳，面容端然带着威严对着镜子，她把一只翠玉耳环勾进耳洞，左右看看，那镜子和梳妆台上布满厚厚的尘"。西岭雪懂得张爱玲，写张爱玲一定要有梳妆台相伴，才可以贴近她，而且那梳妆台一定要磨白了的，或者像西岭雪笔下那样"布满厚厚的尘"，这样才有风尘味，才有沧桑感。在张爱玲笔下，香水味就是风尘味，写老上海或老上海的女人，哪里离得了香水或梳妆台？这些幽美的，感性的摩登之物对老上海女人来说是她们的生存必需，是另一个空间。在张爱玲笔下，你时常可以读到这样的句子："打开手提袋，取出一瓶香水，玻璃瓶塞连着一根小玻璃棍子，蘸了香水在耳垂背后一抹。微凉有棱，一片空茫中只有这点接触。再抹那边耳朵底下，半晌才闻见短短一缕栀子花香。"这应该是《色戒》中的王佳芝，她是和张爱玲一样酷爱香水的女人，在张爱玲笔下，哪一款女人不喜爱香水？她们的芬芳成就了张爱玲笔底的芬芳，这一抹芬芳至今仍在张爱玲文字里幽幽播散，无法拒绝张爱玲的文字，说到底是无法拒绝她笔底的芬芳。

女人的一生其实就如同一瓶香水，越有味道的女人，越是幽香久远，比如爱香水的张爱玲，到如今依旧沉香袅袅，不绝如缕，像一瓶不易挥发的香水。她不但喜欢香水，也爱送人香水。海外头号张迷水晶曾在《夜访张爱玲》中说：“访谈从晚上七点半直到凌晨三点，涉及张氏的创作及在文学史上的评价，让我们看到了她逸兴遄飞、笑容可掬的神态。她早已准备好一份礼物，因为知道我去年订婚了，特地去购买了一瓶八盎司重的香水，送给我的未婚妻。这使我非常惶愧，因为来得匆忙，没有特别预备什么东西送给她。”另一位陈少聪，1969 年秋在加州大学附设的中国研究所语言部门供职，有幸做张爱玲的助手，和张的办公室只隔一层薄薄的木板，呼吸之声相闻，却从不来往。一次偶然得知张爱玲患了感冒，便悄悄买了中药放在她寓所门口。次日来上班，桌上放着一张张爱玲留言条，写着“谢谢”二字，纸上压着一小瓶香奈儿 5 号香水。香水在这里，让我们看到张爱玲温暖、温情的一面。

当然，对香水久久难以释怀的，还是那个童男子振保，即便这香水是贱价的，与狐臭混合的，也是他终生难忘——像所有青春年少的童男子一样，事隔多年之后，他仍然能在香水氛围中抵达肉体欢乐的巅峰——那种高潮，只因香水，无关情欲。

最痴迷最癫狂的想象：爱司头与高跟鞋

上海人似乎喜欢拿头说事，挂在嘴边上的话就是搞花头，玩噱头——不论是搞花头还是玩噱头，这个“花”字花的不是手，“噱”字噱的不是脚而是头，肯定也是有来头。比如张爱玲，她对头就颇有讲究，否则不会看着母亲在梳头，就仿佛等不及自己长大，急吼吼地赌咒发誓：我八岁要梳爱司头，十岁要穿高跟鞋……

在童年张爱玲看来，母亲、姑姑那一拨姐妹淘里，最优美、最有风情的女人都是梳着爱司头的：华美的旗袍装、优雅的爱司头、闪闪发光的大耳环、嘀嘀嗒嗒一路响过来的高跟鞋，女人的玲珑身段、霓裳鬓影一如口红吻痕印在心头，深艳而寒冽、繁茂而荒凉——这是小爱玲对女人最迷痴最癫狂的想象，近在身旁的母亲成了她的参照物与描摹本。张爱玲一向与母亲疏离大过亲近，偶尔握到她的手，“带有生疏的刺激性”，甚至远不及姑姑，姑姑的家于她还有“天长地久的感觉”。但是感觉归感觉，她无法敌得过母亲头上的爱司头与脚上的高跟鞋，一脉华丽缘伴随她，如一根豆芽，在阴暗霉绿的老房子里歪歪扭扭长大，长到可以梳爱司头的八岁，丑陋的茧蛾一朝咬破茧壳，化身优雅的蝴蝶翩翩起舞——所以在张爱玲笔下，从来不乏梳爱司头的女人，从《沉香屑》中的丽笙，到《十八春》中的曼璐，梳爱司头的女人才是风情万种的海派女人。

爱司头因为结构实在复杂，没有专门的技法无法梳得出来，当时的上海滩活跃着一大批专梳爱司头的梳头娘姨，她们人手一把当时上海滩最流行的桃花赛璐珞梳子，不全是桃花，也有梅花、牡丹或月季，梳头娘姨们最爱用它，因为鲜艳而喜气。每位娘姨大大小小的梳子有很多把，先将太太小姐的发髻拆散，用大木梳梳通，再用细齿篦子篦。接下来大大小小的桃花赛璐珞梳子就派上用场，细齿的、短齿的，梳上很多遍，搽上从三马路戴春林买来的桂花头油。鬓角刷上一点刨花水，就相当于现在的打摩丝。要是横爱司或竖爱司，那就更得花工夫。怕太太发急，能说会道的梳头娘姨顺带说点花边八卦供太太消遣：凯司令栗子蛋糕上柜了；宋家太太在麻将桌上连和三局，手兴得不得了——张爱玲这时候就是边上的观众，惊羡万分地看着母亲头上发生的一切。据说蒋介石第一任夫人毛福梅从奉化来上海，蒋就专门为她请了个苏州梳头娘姨。就像扬州出的搓澡工是最好的一样，苏州的梳头娘姨也是史上第一。别看人家是梳头女，可也是见过大世面的，看到毛福梅发式土气，立马就给她梳一个上海滩最洋气的爱司头，毛福梅很开心，就长期雇了她。那个名妓赛金花，光梳头娘姨就雇了两个，没有两个真不行——张爱玲说“三绺梳头，两截穿衣”，爱司头那发式是形似凤凰头，两个娘姨也要手忙脚乱。上海当年的梳头娘姨已是三百六十行之一，地位比女佣高，薪水自然也高，因为这活有技术含量，一般女佣做不了。很多梳头娘姨兼做绞面，北方话称开脸，就是拿一根细红绳绞掉姑娘脸上的毫毛，让她净面出嫁。同时她们还兼卖蕾丝流苏、胭脂花粉，因为婚嫁之女也需要这些小零碎，所以梳头娘姨又被称为流苏喜娘。

20 世纪二三十年代是老上海花季，上至社交场合的名媛女星，下至阁楼弄堂的保姆娘姨，凡女子都是要留发髻。发髻的式样一般分桃子髻或如意髻，其中如意髻就被称为爱司头。此发式看似简单，做功却颇不容易，要有一定的耐心、细心和一份精心。生活节奏的加快，闲情逸致的退减导致爱司头失传。历史的点点滴滴就在人们歌舞升平或粗枝大叶的生活细节中。现在人们提起张爱玲时代的老上海，就宛若一朵缓缓绽放的海上花，摇曳的旗袍，昏黄的汽灯，一尘不染的高跟鞋，一丝不苟的爱司头，欲藏还露的渴望，欲说还休的情感，一张褪色的月份牌，一张黑胶木的老唱片——李泉的歌仿佛就是为这一幕倾城之恋作配曲："黄包车寂静的穿过/亨得利表店隐约的算盘声/滴答着时光的价钱/弹落掉老刀牌香烟的灰烬/丁香楼已换了佳人/再没人梳起时髦的爱司头/再没人带她去百乐门/花花大世界/惊起多少鸳鸯蝴蝶，乌鸦麻雀/灯火阑珊夜/掠过多少金粉银光，啼笑风月……"

据说爱司头源于日本，标准的写法应该是S头，将秀发用发夹固定成S状，有横S竖S之分，再配以旗袍或和服、高跟鞋或木拖屐，从缤纷樱花下或长长弄堂里逶迤而过，这份美有点惊心动魄，至今缅怀起来，仍仿佛在月夜诵读俳句，或者坐在春光里欣赏一册浮世绘本……

从来都是风情之物：桑子红胭脂

据说胭脂是采用红蓝花汁凝结而成，最早出自燕国，又名燕支。又说产自匈奴地区的焉支山，被张骞带回，称焉支。张爱玲笔下的桑子红出自巴黎，是巴黎新季的流行色。

张爱玲用色从来不会简单地涂红或抹黄，她的颜色从来都是张爱玲式的与众不同，比如黄，她会用柠檬黄、姜汁黄、鸡油黄；比如红，她也会选择石榴红、虾子红、象牙红，还有非常特别的红：桑子红。

桑子红在这里是一款胭脂，张爱玲写道："薇龙这才看见她的脸，毕竟上了几岁年纪，白腻中略透青苍，嘴唇上一抹紫黑色的胭脂，是这一季巴黎新拟的桑子红。"明明是紫黑色，却非得要用桑子红，还点明是"这一季巴黎新拟的桑子红"，这桑子红胭脂一下子就妖娆起来，有烈焰红唇冰火缠绵之魅。张爱玲如不写作，一定是个出色的画家，她的布色多么美妙——桑子红，乡村篱下池畔桑葚熟透了的那种红，她从来要把感情渗透在这些曼妙色彩里，这一树红胭脂似的桑葚应该是能吃的，微微的酸，淡淡的甜，牙没有酸倒，唇倒是全染红了——胭脂本来就是能吃的，贾宝玉就有这个癖好，专爱吃女孩子的胭脂，袭人有时候就吓唬他：再偷嘴我要向老祖宗打小报告了——不知贾宝玉会不会就此罢休。从另一个角度来说，吃胭脂应该比接吻更具美感，或者说更性感，女孩子闭目含羞地让男子把她嘴唇上的口红脸上的胭脂舔个一干二净，这样的"偷嘴"

是一个温柔蚀骨的行动。胡兰成应该深谙其道，他算得上是一个拈花惹草的花心男子，在女人堆里连续劈腿，在花蕊丛中不断滚爬，张爱玲的桑子红胭脂，想必他最为熟悉。

与胭脂相匹配的是小号的丹琪唇膏。张爱玲在很小的时候画了一幅漫画投给英文报纸《大美晚报》，报社后来寄给她5元钱，母亲劝她留下来作纪念，毕竟是平生第一笔稿费。张爱玲不同意，她一向喜欢花钱，拿着5元钱出门，欢天喜地买了一支小号的丹琪唇膏。桑子红胭脂与小号的丹琪唇膏加上旗袍与高跟鞋，永远是珠联璧合的姊妹花，要张爱玲远离她们，就等于让她死，仿佛她活着不靠粮食与空气，就靠旗袍撑着口红养着——可能黄逸梵与女儿分离太久，并不了解她，张爱玲自称是财迷，爱钱爱到发疯，花钱花得也爽气，用现在的眼光来看，那就一个十足的购物狂——自己平生挣的第一笔钱一到手，谁的劝说也不听，立马跑去买了一支小号的丹琪唇膏，必定是期盼了许久，要说纪念，小号的丹琪唇膏才是最好的纪念。她是怪异的，喜欢别人难以理解的一切：牛奶的泡沫、丹琪的唇膏、玛瑙的纽扣、咿咿呀呀的胡琴、晕着岁月的印痕的朵云轩纸笺……女人的柔软与性感，老宅的霉绿与阴凉，共同打造张爱玲小说里那种氤氲缱绻又危机四伏的末世气息，她们就在末世寻欢作乐，用一点点的情色粉饰世道虚饰人情——是情色，而不是色情。

胭脂从来都是风情之物，李碧华的《胭脂扣》、董小宛的胭脂泪、张丽华的胭脂井，甚至《红楼梦》的胭脂米，全都源自于风月。一脉秦淮河，就这样让胭脂水染得艳红如血。张爱玲也说过类似的话：西湖的水是妓女的洗脸水——妓女的洗脸水应该浮着一层厚厚的胭脂。据说杨贵妃因为涂抹了太多的胭脂，连汗水都染成了红色。古文中也有类似的吟咏，说一个年轻的宫女，在她盥洗完毕之后，洗脸盆中犹如余了一层红色泥浆。记录者在这里可能有些夸张，女

张丽华的胭脂井

人抹胭脂毕竟不是工匠粉墙壁。张爱玲喜欢写胭脂，曾经将一篇小说《金锁记》扩展开，写成英文小说《北地胭脂》，后来又将英文版的《北地胭脂》翻译成中文的《怨女》，翻来覆去就为了这一抹“胭脂”，并不生厌，可见胭脂于她来说是好东西。她自己就曾这样说：“有人虽遇见怎样的好东西亦滴水不入，有人却像丝绵蘸着了胭脂，即刻渗开得一塌糊涂。”我现在对老上海之所以刻骨铭心，多半受到张爱玲或张恨水的影响，花样的旗袍、爵士的节奏、黑白的默片、鸦片的淡烟……自然少不掉美女月份牌和桑子红胭脂。

经典的怀旧道具：带喇叭的手摇唱机

老上海经典的怀旧道具之一，就是带喇叭的手摇唱机：一个木头盒子，一个大得不成比例的大喇叭架在上面，像极了一朵喇叭花，黑胶木唱片缓缓旋转，金嗓子周璇唱起来，有点嘈杂，有点暗哑，是尖尖的、细细的嗓音："好花不常开，好景不常在，今宵离别后，何日君再来……"周璇的歌声时断时续，令人有时光倒错之感，仿佛一脚踏进老上海的花样年华。

早期带喇叭的唱机又叫留声机，装在一个木匣子里，打开木头匣子，必须先摇转好几下，上紧发条，才能发声，所以弄堂里姆妈娘姨又叫它话匣子。张爱玲写道："米先生想起老式留声机的狗商标，开了话匣子跳舞，西洋女人圆领口里腾起的体温与气味。""她们有一只留声机，一天到晚开唱同样的一张片子，清朗的小女子的声音唱着：'我母亲说的，我再也不能，和吉卜西人，到树林里去。最快乐的时候也还是不准，不准，一百个不准。'大敞着饭堂门，开着留声机，外面陡地下起雨来，拍拍的大点打在水门汀上，一打

手摇唱机的大喇叭像一朵喇叭花

一个乌痕。俄国女孩纳塔丽亚跟着唱片唱……一扭扭在雨中跳起舞来。”

跳舞是老上海夜生活的主要娱乐之一，歌舞厅仿佛在一夜之间遍地开花，无论唱歌或跳舞，唱机必不可少，有唱机必得要唱片，百代唱片就应运而生。现在耸立在徐家汇公园里的小红楼，就是老上海百代录音棚，大约从 1921 年起，百代公司就开始请明星名伶在这座小红楼里录制唱片，比如《何日君再来》《夜来香》，比如《美酒加咖啡》《路边的野花不要采》——老上海最早的流行曲，中国大陆第一代现代意义上的流行歌，就是从这里开始传唱，然后唱遍大上海那些灯光迷离的歌舞厅，唱遍千家万户那些开着“喇叭花”的手摇唱机，而且必定唱的爵士乐，而且是张爱玲所说的“有挑拨性的爵士乐”。

有人说张爱玲的小说就是“纸上电影”，流畅的对话、通俗的故事、近乎完美的舞台与电影的叙述手法——所以张爱玲的作品与舞台和影视特别有缘分，如果给它们配上音乐，那应该就是张爱玲所说的“挑拨性的爵士乐”。爵士乐是华洋杂交的产物，它最初在中国大陆出现，就在上海的百乐门歌舞厅，它被称为“远东第一乐府”，中国大陆娱乐的标志性场所。爵士乐自由不羁轻快随意，给老上海纸醉金迷、灯红酒绿作了最美妙的铺垫。百乐门当时有一支爵士乐队，美艳歌女在他们的伴奏下，演唱陈歌辛的那些荡人心魄的爵士乐：《假正经》《香格里拉》《玫瑰玫瑰我爱你》——近百年的岁月流逝了，爵士乐给上海这座南方都市打上一层玫瑰红底色，那其实就是爵士乐气质：时髦、怀旧、优雅、格调……一直到今天，这一层玫瑰色并没有褪净。程乃珊说：“我非常喜欢爵士乐，我的父亲和母亲都是爵士乐发烧友。在我父母亲生活的那个年代，爵士乐可以说是上海城市文化生活的一部分，

老上海时代的百乐门一片纸醉金迷歌舞升平

那个时候有一批人都非常喜欢爵士乐，这主要和当时上海的人们开始接触好莱坞电影有关。”事实正是如此，即便在“文革”那一段非常时期，上海一些老克腊（指某一类风流人物）也会穿上洗得泛白的中山装，风纪扣扣得紧紧的，袖口有些破旧的毛边，也修剪得干干净净，在夜晚来临时，他们会放下窗帘，在昏暗的灯光下，用磨损的留声机播放百乐门爵士乐；用小煤油炉煮着劣质咖啡，身体在香氛中乐声里轻摇着，仿佛又回到20世纪30年代。

手摇唱机现在是老上海的旧物，只有到城隍庙一带古董铺子里才能觅得，可是在老上海时代，那绝对是时髦物与奢侈品，最早开百代唱片公司的那个小贩，就在陕西南路一带摆摊听话匣子，就是让人听留声机。机器里有什么呢？无非就是几句京剧唱腔，要不就是洋人的哈哈大笑——几句京剧唱腔几声洋人大笑也能卖钱？当然，机器里传出人的笑声与歌声，还有比这更新奇的事吗？一直到张爱玲时代，它才成为中产家庭的居家必备——张爱玲在《创世纪》里这样写："她小时候有一张留声机片子，时常接连听七八遍的，是古琴独奏的《阳关三叠》，绷呀绷的，小小的一个调子，再三重复，却是牵肠挂肚的。唱片唱到一个地方，调子之外就有磴格磴格的嘎声，直叩到人心上的一种痛楚。"在这里，潆珠对留声机的印象就是张爱玲的记忆。

老上海之所以深入人心，就在于它的洋派与摩登，就在于它的时尚感觉与异域风情，它有旗袍和香水、高跟鞋和霓虹灯，还有手摇唱机与屋顶花园——分开来看，这都是不足挂齿的小细节，可就是这些小细节组合起来，我们才看到了老上海世界性的大格局。

形而上的张爱玲： 牛酪红茶

在网上看到一篇写张爱玲的文章，作者不详，他能进入常德公寓张爱玲住过的房间，肯定不是一般人，他在文中还原了目睹的一切："那个房间已经完全变了样，不，也许应该说，复了样——典丽的沙发，怀旧的陈设，照片里丰容盛髻的太太是她的母亲，桌上压着朵云轩纸，床角散着一双龙凤软底绣鞋，甚至连牛酪红茶和甜咸西点也都摆在茶几上了。"——张爱玲的房间应该就是这样，有着朵云轩纸和牛酪红茶。

老上海文人最爱住的地方：亭子间——当然，清贫文人也只能住得起亭子间

牛酪就是奶油，张爱玲是酷爱奶油的，连喝茶也不放过，要加入多多奶油，这应该不算是真正茶吧？只是掺了一点茶味，意思意思，像现在的柠檬红茶、

张爱玲最爱喝的红茶

珍珠奶茶，还有什么果茶、花茶，只是借着茶叶随意发挥，离茶已经很远。都市女子不是老茶客，你让她一杯一杯喝苦茶，确实为难她，她们都是爱红茶的，午后红茶，要的就是一份闲适与情调。胡兰成说：张爱玲喜欢用大杯子喝红茶——她不但自己爱喝，还喜欢用红茶招待客人。周廋鹃主编的《紫罗兰》发表了她的第一篇小说《沉香屑·第一炉香》，周还夸她文字像毛姆，张爱玲很开心，在家用红茶招待他。周廋鹃多年以后回忆说：茶是牛酪红茶，甜心是甜咸俱备的西点，十分精美，连茶杯和点碟都十分精美——可见张爱玲对周廋鹃知遇之恩的感激。

其实请周先生和他爱人胡凤君来喝茶是张爱玲姑姑的意思，在这之前送稿时张爱玲和他见过一面，姑姑说：“周先生长得挺清秀的，是不是?”她略略想了想，还是点头：“算得上是吧?”姑姑说：“你母亲那时候想逃婚，写信给他。”她吃了一惊：“写信给他?”姑姑说：“不记得他回信了没有，我没有见过他人，只见过照片，后来他结婚了，把他太太捧得不得了，做的诗说他们‘除却离家总并头’，把我和三婶笑死了。”三婶就是张爱玲母亲，张爱玲从小算是过继出门，称母亲为三婶，有时候也叫父亲为三叔。

周廋鹃那天下午早早来了，他的太太没来，说是有事。他从门外走廊上过来时，瘦瘦长长的身材套着一件长袍，配上一张清秀的脸，有点仙风道骨的样子。头发没有了，戴着个薄黑壳子假发，这是姑姑告诉她的。他们围着沙发坐下，地方实在太小了，一张小圆桌上挤满了茶具。三个人几乎促膝围坐，有点不太像样子。不过，茶杯和点心碟子是姑姑拿出来的，十分精美。点心也是甜咸俱备的西点，看上去十分诱人。还有张爱玲精心调制的牛酪红茶，那是她的最爱。姑姑知道周先生喜欢园艺，就和他说了许多园艺方面的话，她在一旁听着。后来周先生调转身子对张爱玲说："我希望张小姐能趁热打铁，多写作品在我们《紫罗兰》上发表，不知道张小姐最近在写什么？"张爱玲姑姑纠正他："周先生，她还是个小孩子，别一口一个张小姐。"

张爱玲其实很少正儿八经和人一起喝茶，她和炎樱在一起，有一次去喝菊花茶，茶里加了菊花，说不定也加了糖，那好像也不是真正意义上的茶——那是在香港，两个人的友谊才刚刚开了头。她的两个好友炎樱和苏青都是红茶的爱好者。女作家赵凝就说过："读苏青要在春日阳光明媚的午后，坐在爬满常青藤的阳台的躺椅上，喝着一杯暖暖的红茶，细细地去品味。"苏青也好，张爱玲也罢，她们的文字要伴着红茶去阅读——怀着这样休闲的心态去读一位作家的文字，对这位作家来说，不知道是幸还是不幸？张爱玲多年来被文坛低估，我想不是偶然的，她总是从爱情切入生活与时代，未免显得渺小与单薄。她现在多少有点被过分高估，这也与她的文本无关，这是她背后那个大家族、那片老上海，还有她本人传奇性的爱情决定的。爱情是女人的死穴——就像她喜爱的牛酪红茶，红茶再好喝肯定比不过烈酒，因为酒能使人燃烧起来，而红茶只能让人昏昏欲睡。

张爱玲一直对弟弟张子静小觑，有一次却破例为他沏了一壶红茶，还切了块从楼下咖啡馆叫的五角星形蛋糕同他分着吃了。张爱玲喝什么好像都不合适，只能喝红茶，她端着大杯子坐在"充满兵气的房间里”喝牛酪红茶，很容易让人产生人生落寞和遗世独立之感。这场面久久出现在我脑子里，让我感慨万分，我多次试着调制张爱玲爱喝的牛酪红茶，这正如钱钟书说的：“吃讲究的饭事实上只是吃菜，正如讨阔佬的小姐，宗旨倒并不在女人。”——我也不是纯粹为了喝这杯牛酪红茶，红茶即使调得再入味也不过就是一杯红茶，我只是为了接近形而上的张爱玲。

中菜西吃就是海派风味：涂满花生酱的甜面包

在《红玫瑰与白玫瑰》中，张爱玲这样写到王娇蕊与振保调情："娇蕊放下茶杯，立起身，从碗橱里取出一罐子花生酱来，笑道：'我是个粗人，喜欢吃粗东西。'振保见她做出那楚楚可怜的样子，不禁笑了起来，果真为她的面包上敷了些花生酱。"

王太太的口味应该是张爱玲的口味，是完全的西洋化的口味，"王家的饭菜是带南洋风味的，中菜西吃，主要的是一味咖喱羊肉，王太太自己的面前却只有薄薄的一片烘面包，一片火腿，还把肥的部分切下了分给她丈夫。"这与张爱玲的口味几乎完全一致，这一片涂满花生酱的甜面包，几乎决定了张爱玲的后半生。我这么说可能有点故弄玄虚，但是不能一味斥之为信口开河，我的理由很简单，因为人的口味其实可以反映这个人的性格特点，更细心一点观察你会发现，人生经历、生活方式，都可以在他喜好的美食——或者说饮食中反映出来。我甚至可以更夸张一点说，你从饮食中还可以看出这个人的未来走向——这一点也不唯心，更不夸张。就张爱玲来说，她打小就喜爱所有的西食舶来品：冰激凌、巧克力，乃至蛋糕与面包，老大昌面包是她的最爱。所以张爱玲选择自由写作为毕生职业，最后出走香港直至美国，实在不是偶然。夸张一点说，是面包、咖啡一缕芬芳牵引着她去了那个遥远的彼岸，在那里，她完全可以由着性子将面包当主食。

老上海时代，张爱玲每天都是被面包香味唤醒——隔壁起士林凌晨烘面包，“一股喷香的浩然之气破空而来”，如此浓烈如狂风的香气让她在床上蠢蠢欲动，再也无法入眠。起士林咖啡最妙，面包香只可以闻闻，张爱玲酷爱的还是老大昌面包——也就是王娇蕊手中那只涂满花生酱的甜面包，在振保眼里，这位爱吃糖核桃的王太太也就是一只甜美的面包，是出自老大昌的涂了花生酱的小面包。张爱玲对这种面包很熟悉，她就是吃着它长大的：“离学校不远有一家俄国面包店老大昌，各色小面包中有一种特别小些，半球型，上面略有点酥皮，底下镶着一只半寸宽的十字托子，这十字大概面和得比较硬，里面掺了点乳酪，微咸，与不大甜的面包同吃微妙可口。”可能对老大昌面包印象太过深刻，后来在香港，僻静小街上发现一家老大昌，张爱玲几近狂喜，可里面空空如也，楼上楼下找了一圈，最后发现寥寥几只两头尖的面包与扁圆的俄国黑面包。店伙计与从前老大昌一样，都是本地华人。她买了一只俄国黑面包，回家发现黑面包硬得像石头，切都切不动，好不容易切开，里面一根棕红的长发，虽说有点恶心，但起码可以验明正身，此面包是青壮年斯拉夫男子手制。

中西合璧、殖民浸淫，东西方文明的雷电交加不但表现在服饰上，当然也表现在饮食文化、思维方式上，老上海的西式餐馆比比皆是，养育了上海人的肠与胃，也培养了上海人的脑与心。在张爱玲的记忆中，起士林在楼下，而老大昌却在法租界，法式面包清香、松软、奶香四溢，有着层层起酥的羊角，外脆内韧的“长棍”，不仅是外侨的最爱，也是偶尔尝鲜的上海市民至高无上的生活享受。一直到王安忆记事时，老大昌的牌子也没倒，王家姆妈常带着小安忆去老大昌吃面包，还有红茶咖啡、芝士焗面，不过要多花粮票。排队等座的总是一些富裕而有闲的人们，打扮得很讲究，头上抹着发蜡，皮鞋锃亮，裤缝笔直，女的化着晚妆，风度优雅——你绝对想不到，这是“文革”时期的上海。似乎一切都变了，似乎一切都没变，只有老大昌面包的滋味一如张爱玲时代。

张爱玲最爱的栗子蛋糕

海派作家程乃珊也和张爱玲一样喜欢西点，有一款拿破仑蛋糕让她一食难忘，用鲜奶油层层叠叠黏合起来的法式西点千层酥，吃起来松脆，还撒着糖末，与硬铮铮的拿破仑皇帝的形象似乎格格不入。但待你一口咬下去，香甜的鲜奶油溅溢满嘴，腻软浓郁，还有点铁骨柔肠的味道，犹如拿破仑对约瑟芬的爱情，拿破仑蛋糕就是当年老大昌的招牌。据说法国人都不知道拿破仑蛋糕，只知道此为千层酥——上海人用拿破仑做了免费广告。

起士林：咖啡里的西式生活

张爱玲一贯崇尚西式生活，视进面包房、坐咖啡馆为生活之必需，笔下的文字常常飘着咖啡味、奶油香："我寓所附近的路口有一家小杂货店到有'黛文郡（Devonshire）奶油'，英国西南部特产，厚得成为一团团，不能倒，用茶匙舀了加在咖啡里，连咖啡粉冲的都成了名牌咖啡了。"

张爱玲爱喝咖啡，进咖啡馆就成了平常又平常的行为，写咖啡的文字也比比皆是。中国人从前好像从来不喝咖啡，只有到了老上海这一代，咖啡才和电影院、歌舞厅等西式生活一同传入。一向喜欢西式生活的张爱玲无师自通喜欢上它，与友人外出不论做什么，结局总是吃，而且是吃"软的，容易消化的，奶油的"，咖啡馆成了首选之地。"在咖啡馆里，每人一块奶油蛋糕，另外要一份奶油，一杯热巧克力加奶油，另外再要一份奶油。虽说各自出钱，仍旧非常热心地互相劝诱：不要再添加一点什么吗？"喝咖啡在这里不仅仅是耍情调充小资，更显示一种平等自立的现代生活方式，比如生活的来源靠的是自由写作；比如和任何好友在一起消费都会采用 AA 制，口味西化，生活方式同样西化。张爱玲虽说不善交际，可身边闺蜜从来不缺，少时的黄家瀹姐妹以及成年后的炎樱与苏青，霞飞路以及静安寺经常出现她瘦削单薄的身影，逛街只是一个由头，吃喝才是目的。据张迷魏可风考证，那时上海的咖啡馆多得不计其数，点心、咖啡做得非常地道，咖啡是两元一杯，蛋糕比较贵，要三到六元，和冰激凌差不多，如此妙品张爱玲当然不会错过。

老上海西餐名店：起士林

起士林是上海众多咖啡馆中的一个，此品牌源自天津，张爱玲恰巧在天津生活过，后辗转来到上海，起士林竟然也跟至上海，驻扎在她家隔壁，这不能不说是一种缘分。据说起士林形成于清末，八国联军占领天津以后，有一个随军而来的德国厨师，名叫起士林，德军撤走后他留下来，在法租界开了一家西餐馆，供应自制的面包、咖啡，大受欢迎。张爱玲后来在小说《色戒》里提到的凯司令咖啡馆也是上海著名的咖啡馆，据说是起士林里出走的领班开的。据魏可风先生考证，张爱玲其实很小的时候就和父亲去咖啡馆，她喜欢点一种小蛋糕，偶然也会吃父亲点的香肠卷，那时候父亲还是爱她的，当时在天津，他们父女应该是起士林的常客。晚年漂泊海外，张爱玲对香肠卷仍情有独钟：“有一次在

香肠卷也是张爱玲的最爱

多伦多街上看橱窗，忽然看见久违了的香肠卷——其实并没有香肠，不过是一只酥皮小筒塞肉——不禁想起小时候我父亲带我到飞达咖啡馆去买小蛋糕，叫我自己挑拣，他自己总是买香肠卷，一时怀起旧来，买了四只，油渍渍的浸透了小纸袋……”

这一次在多伦多购买香肠卷张爱玲记忆犹新，因为后来过关时，关员看她除了四只香肠卷，可以说什么也没买，无税可纳，一脸不情愿。美国没有香肠卷，加拿大到底是英属联邦，香肠卷有是有，不过也聊胜于无——油又大，还辣得眼泪鼻涕直淌，和飞达咖啡馆的香肠卷没法比。

张爱玲之所以偏爱香肠卷，可能与父爱缺失有关，香肠卷是父亲最爱，打小和父亲进咖啡馆，两个人一个吃小蛋糕，一个吃香肠卷，小孩子调皮，看着碗里霸着锅里，时不时会在香肠卷上咬一口。后来，多年后的某一天，炎樱和她伏在公寓阳台上，拿照相机往楼下乱拍，问道：“如果离开上海，我最想念的——你猜是什么？”张爱玲平直地回答：“飞达咖啡馆的香肠卷。”张爱玲笑着，一手叉腰，望着苍苍天际。炎樱按下快门，她发现张爱玲瘦到只剩两条细长的腿，裙子松松地挂在腰际飘飞在风中。这是张爱玲一张著名的照片——相好的朋友，连爱吃的食品也是相同。

张爱玲与闺蜜炎樱

成年后写作，不喝咖啡几乎就不能产生灵感，那个时代的上海，也算得上是世界级大都会，咖啡馆、歌舞厅、影戏院是许多文人明星流连忘返的地方，穆时英或叶灵凤的作品中对此种灯红酒绿多有描摹，张爱玲自然相当熟悉。张爱玲之所以在后世被人们追捧，原因之一我想就是早在20世纪三四十年代，她就身体力行地过上了21世纪小资们向往的生活：我不在咖啡馆，就在去咖啡馆的路上。

以张爱玲名义设宴：海上花开

在张爱玲生日那天，上海一家叫“福 1088”的饭店做了一桌张爱玲美食请客。请的是谁呢？张爱玲研究专家陈子善和美食家沈宏非。据说每一道菜都源自于张爱玲，包括那酒。上海的黄酒竟然名叫“海上花开”，叫“海上花开”不如叫“海上花”，张爱玲的心血之作。吊张爱玲膀子吊得如此妖娆，真是地地道道的海派风格。

张爱玲算得上一位美食家，尽管她对中国菜的要求并不高，红烧肉剩下的汤汁本来是要倒掉的，但是用来炒一碗豆渣，就吃得她眉飞色舞，可想而知，她的口味并不算太刁。她写过美食散文《谈吃与画饼充饥》之类，据说在美国还给友人爱丽丝提供了 18 道中国菜，完全是菜谱写法。这类玩意儿我以为多半是文人的纸上谈兵，就像李渔、袁枚，他们笔下的什么食单之类的劳什子，是不能当真的，都是想当然的东西。就张爱玲来说，她的胃口其实很简单，“我和老年人一样，喜欢吃甜的烂的”“软的，容易消化的，奶油的”“她喝浓茶，吃油腻熟烂之物，饭菜上头却不悭刻，又每天必吃点心”，这都是她的肺腑之言。像“福 1088”设下的张爱玲宴，不过是拿张爱玲做由头行风雅之事，那些菜不要说吃了，很多我都看不明白，比如点心里的“海上花”是什么？凉菜中的“倾城之恋”也搞不清是什么东东，还有热菜中的“浮花浪蕊”、汤品中的“半生缘”、点心中的“沉香屑”——我估计即便张爱玲本人来吃也有点晕头转向，不知从哪里下筷子。

张爱玲喜欢吃的苏州小吃：酒酿饼

在张爱玲宴中，酒酿饼最具江南风情。在苏州的大街小巷，你现在仍然可以随处见到，开锅的时候，一条街全都是酒酿香气。张爱玲经常提到酒酿饼，酒酿饼出在苏州，是苏州一种春天的时令小吃，清明时节，很多店家会在门前摆上一只烤炉烤酒酿饼，甜酒的滋味、软烂的滋味，正是张爱玲所喜欢的“甜的烂的”。当然还有糖炒栗子和松子糖，不是烂的起码也是甜的——她这样描写过：“松子糖装在金耳小花瓷罐里，旁边有黄红的蟠桃式瓷缸，里面是痱子粉，下午的阳光照到那磨白了的梳妆台上。”松子糖是南方的美食之一，我品尝过，松子被糖块包裹，糖味甜美，吃的时候一定要有耐心，慢慢品尝，等待着糖液像阳光下的积雪一样融化，等待着一粒粒松子掉落到舌尖上，这是一个非常奇妙的过程。张爱玲家的松子糖还有一个独特的作用——她弟弟张子静生病，“闹着要吃松子糖，松子仁舂成粉，掺入冰糖屑——人们把糖里加了黄连汁，使他断念，他大哭”。

酒酿饼也好，松子糖也罢，这些都是小点心，不能成为张爱玲宴的主角，熏鱼、素鹅、冷切牛舌、糖醋小排才是，包括那些烈油炒出的大菜，荷叶粉蒸肉、虾仁吐司、贵妃鸡、茄汁鱼球、神仙鸭子、蒜蓉苋菜、合肥丸子，等等。合肥丸子是我家乡菜，广义上来说，我与张爱玲算得上老乡，起码也是半个老乡，她笔下的合肥丸子与我老家做法完全相同。此菜应该是“李合肥”的家传，张爱玲弟弟记得很真切："合肥丸子是合肥的家常菜，只有合肥来的老女仆做得好，做法也不难。先煮熟一锅糯米饭，再把调好的肉糜放进去捏拢好，大小和汤圆差不多，然后把糯米饭团放蛋汁里滚一滚，投入油锅里煎熟，食用前须再熏蒸。姐姐是那样喜欢吃，又吃得这样高兴，以至于引得全家的人，包括父亲和佣人们后来也都爱上了这道菜。"

张爱玲喜爱的美食——粉蒸肉

其实菜的好坏并不重要，重要的是老克腊陈子善或沈宏非们的宴席，这是由张爱玲牵头的春天的美食，可以想见，这一行衣裳飘飘的风雅之士，从张爱玲居住多年的常德公寓出来，沿着张爱玲无数次走过的南京西路一路前行来到"福 1088"大饭店，笃笃定定地坐下来品尝张爱玲美食——他们需要的，就是这一次美食盛宴，但是一定要以张爱玲名义进行。否则的话，风雅之士就会变成饕餮之徒，那还有什么意思？在很多人眼里，张爱玲本身就是一道美食。

女作家请客：蛋炒饭

一般来说，女作家总是很小气的，尤其是上海女作家，像苏青、张爱玲之类靠稿费为生的女作家，那更是小气得有点抠门，想要她们很豪阔地请客下馆子，基本上是痴人说梦。即便是胡兰成这样让她“低到尘埃里的”男人，也就是拿几个包子打发。

蛋炒饭

和胡兰成热恋的时候，张爱玲从不留饭，因为她自己也是寄人篱下——尽管这个人是她的姑姑，何况她们都是受过西方文明熏陶的一代人，在生活用度上从来都崇尚 AA 制。但是胡兰成坐到吃饭时间仍不留饭，连她自己也觉得难堪，怎么办呢？唯一的办法就是去厨房蒸包子，简单，还省事——胡兰成可能吃馋了嘴，张爱玲做的包子，他有什么理由说不好吃？这留饭留了几次，他便起了贪心，有一天就留宿了——将张爱玲当成了肉包子，肉包子打狗果然有去无回。穷人家的孩子，可能也就记着包子、馒头什么的，他自己的书中就有这么一段：“一次瘪三抢她手里的小馒头，一半落地，一半她仍拿了回来。”既要感谢胡兰成的第一手记录，又要骂他实在不解风情，什么“小馒头”？连“生煎”也不懂，瘪三若听到这种说法，嘴巴也会笑到不瘪。当张爱玲“像只红嘴绿鹦哥”般“调养自己”时，胡兰成还在胡村山溪里摸鱼捉鳖吧？在他眼里，张爱玲从来都是“民国世界的临水照花人”。他这个人，可能是汪政权里最不会吃的一个，难怪人家不怎么带他白相。苏青眼睛尖，从他身上一眼就看出他是个苦出身，她这样说：“从你吃相上看，一眼看出乡下出身。”所以苏青看人下菜，管你胡兰成在汪精卫身边当多大的官，就到门口摊子上叫一碗蛋炒饭打发，然后就坐在他对面看他吃得狼吞虎咽。

女作家请客就是蛋炒饭，何况像苏青、张爱玲之类，她自己都是靠文字换稻米，又哪里舍得请你吃酒宴？这一碗蛋炒饭小气是小气，但还是有女人的大度与自尊，当然也包括喜欢——张爱玲在玛利亚女中读书时，叉烧炒饭是她最喜爱的饭食之一。叉烧炒饭其实与蛋炒饭没什么区别，唯一的区别一个是叉烧一个是鸡蛋。如果既没有叉烧也没有鸡蛋，那就成了油炒饭，张爱玲笔下也少不了：“月香从油瓶里绕锅撒了一圈油，眼睛瞄着前厅，同时快速把冷饭倒进锅里。后厨房不时有人进进出出，一会是送货的，一会是来串门的亲戚，都要经过厨房，都闻到炒饭的味道，都看见了桌边坐了月香从乡下来的男人。月香一面炒饭，一面神闲气定地说她该说的话。那炒饭热腾腾地端到男人的面前。庄稼汉一副心虚的模样，决定不了何时下筷子，因为后厨老有人穿过。月香蹲在水盆边上拿着一只旧牙刷刷鸭掌，金根在她背后扒饭。”乡间贫贱夫妻，能有一碗油炒饭吃，日子就过得有滋有味。

除了写作外，张爱玲其实是个很笨的女人，表现在吃上面尤其如此，如她自己所戏言，“细致些的菜如鱼虾完全不会吃”，笨手笨脚一如孩童，也可能是从小家中仆佣成群，帮她剥虾剥蟹剥惯了，到了自己手里，完全无能为力。她不请客是对的，若请也只能是跟姑姑做几个包子，还是芝麻酱馅的，因为家中现成的只有芝麻酱。她倒是在家请过周痩鹃，那时候她刚刚开始写作不久，周瘦鹃主持的《紫罗兰》杂志发表了她的小说《沉香屑·第一炉香》，她请他来家里喝茶，周瘦鹃在多年以后回忆说："茶是牛酪红茶，点心是甜咸俱备的西点，十分精美，连茶杯与碟箸也都是十分精美的。我们三人谈了许多文艺和园艺上的话，张女士又拿出一份在《二十世纪》杂志中所写的一篇文章《中国的生活与服装》来送给我，所有妇女新旧服装的插图，也都是她自己画的。"

骨子里，我其实很佩服张爱玲和苏青，不要男子养，也不要工作单位，就靠一支笔吃饭，尽管吃的是蛋炒饭，好歹也是自己挣来的啊！管你胡兰成是多大的官僚，犯不着拿血汗钱请你吃宴席，就到街头用一碗蛋炒饭打发，独立、平等、平民、从容，女人的大度与自强一碗饭里全有了。所以还是郑板桥临终前一句话说得好，他说"流自己的汗，吃自己的饭"。

老上海的女主角：生活像电影一样

张爱玲是老上海的女主角，她的一生就是一部电影——长长的黑白的老电影，如果给这部电影取名，应该叫《海上花》。俗是俗了点，好像没有比这个名更贴切的了。

张爱玲从小就是一个喜爱电影的女孩，仅仅说“喜欢”还不够，应该是痴迷或酷爱。有一次全家出动到杭州走亲戚，顺带游西湖，张爱玲在西湖边玩疯了，从报纸上看到上海正在上映谈瑛主演的《风》，立马要回来看电影，妈妈一个劲劝：“你看的电影还少吗？现在在杭州，离上海这么远，你一个小孩子坐车回去哪里放心。”张爱玲急得跳脚，只要看电影，就什么都愿做。一家人没办法，只好让张子静陪她。张子静对电影无所谓，本来就是个听话的孩子，一向喜欢和

当年刚刚落成的国泰电影院，张爱玲与弟弟就是在此观看电影《风》

姐姐在一起，只是张爱玲对他爱理不理的，捞着这样的机会，在他来说也很难得，乖乖地陪姐姐回到上海。一下火车姐弟俩直扑电影院，看完之后张爱玲走到门前突然说："再看一场。"张子静眼睛都看酸了，直喊头痛。张爱玲却很开心，笑着说："幸亏回来了，要不然，那可后悔死了。"电影看得太多了一点，生活中不可避免有一些表演，她说的那句话，人生是一个"美丽而苍凉的手势"，"美丽而苍凉的手势"就是在表演，戏剧的痕迹，表演的痕迹，她的拍照姿势，手叉细腰仰望天空，还有她穿着前清老式样的宽袍大袖飘飘欲仙走在弄堂小巷，孩子们尖叫着追在后面围观——这都是一种表演，将生活变得戏剧化或电影化，伴奏音乐在她内心流淌。所以我说张爱玲是老上海的女主角，好像一直在表演，她的一红惊天、她与旧式家庭决裂、她的那些奇装异服、她与胡兰成烟花般一闪而逝的爱情以及她从深圳罗湖桥归鸿般的消逝——都像电影镜头，都是电影片段，在张爱玲身上，生活就像电影一样。但是生活毕竟不是电影，生活太拖泥带水与琐碎无趣，生活实在太冗长无聊了，如果真的是电影的话，没有人有耐心看完它。所以张爱玲既是主角又是编导，她自编自导自演自己的电影——她对生活的胶片进行剪辑，只保留精彩高潮，她的故事最终比别人精彩，她的生活最终变得像电影一样。

张爱玲的人生最后果然被多次拍成影视，林青霞和秦汉演过，刘若英和赵文瑄演过，林青霞太漂亮了，张爱玲哪有她那种韵味？不是说张爱玲没味道，也不是说张爱玲不美，张爱玲是美的，只是她的美与林青霞的美完全不同，一个漂亮的大美人演张爱玲，注定了要失败，首先我就无法接受一个漂亮的张爱玲，然后她再抬起那张精致的几乎无可挑剔的脸。这部张爱玲的电影叫《滚滚红尘》，这个名字我是极喜欢的，张爱玲与胡兰成之间爱恨情仇就是滚滚红尘、红尘万丈。那一年秦汉也不小了，可是他装嫩来演胡兰成，一张肉嘟嘟的小脸，根本看不到文化人的清癯与飘逸。如果重拍《滚滚红尘》，应该请王志文来演，他的瘦削与单薄最适宜胡兰成，包括他一张黑亮的油浸浸的脸与眼睛里的愁苦，都是属于胡兰成的。赵文瑄也演过胡兰成，赵文瑄太漂亮了，空中少爷出身的赵文瑄，根本演不出胡兰成身上的苦底子，刘若英演的张爱玲也不像——她有张爱玲的知性，但她抬着脸拿一颗糖炒板栗递给胡兰成说："很好吃，不粘牙的。"那张脸那么饱满，那根本不是张爱玲，那就是她刘若英。《张爱玲传奇》最妙的是剧本，写《饮食男女》的王蕙玲又写过《卧虎藏龙》，她是懂得张爱玲的，不像写《滚滚红尘》的三毛，她是借张爱玲来写她自己——在艺术这一点上，她与张爱玲是相通的，她退学关在黑屋子里哭，只身远赴撒哈拉，包括她爱上王洛宾这样沧桑的老人，她其实就是台北的张爱玲，她的一生也像一部电影——后来她和张爱玲一样，也成为一部部电影的女主角。

生活就像一部电影，生活就是一部电影，碌碌无为的众生也是如此，每个人的一生都在演一部自己的电影——在别人的电影里我们可能是配角，但是在自己的电影里我们都是主角。

张爱玲是一口古井：古井无波、越淘越有

李碧华说：“我觉得张爱玲是一口井——不但是古井，且是一口任由各界人士四方君子尽情来淘的古井。大方得很，又放心得很——于她又有什么损失。”

张爱玲是文字巫女，李碧华也是，文巫与文巫自然息息相通、惺惺相惜，文字在她们手里盘活得就像她们人一样妖娆妩媚。只可惜李碧华少了民国乱世的烘托与上海霓虹的辉映，到底不如张爱玲风华绝代后世留芳。但是她是懂得的，所以她看得清：“是以拍电视的恣意杂锦，拍电影的恭敬谨献。写小说的谁没看过她？看完了不免忍不住模仿一下。搅新派舞台剧的又借题发挥，沾沾光彩。”李碧华很毒辣，毒辣的女人总让男人害怕，那些起劲淘张爱玲古井的男人更加害怕，他们就怕那些张爱玲谱系的女人，又恨又爱吧——毕竟要靠她们来吃饭。

最先来古井淘井的是桑弧——一桶下去果然淘到宝贝，那个时候张爱玲比较清闲，没有报刊敢发她的文章，有人介绍她写一部电影，只花了几天就写好了，这部电影叫《不了情》。在这之前她没写过剧本，但是看过那么多影片，而且卖文为生的最初就是写影评，什么《梅娘曲》《桃李争春》都看得滚瓜烂熟，剧本就是比小说更画面一些，在她来说并非难事。桑弧导演、陈燕燕主演，一片风行上海滩，看得人眼泪滴到鼻涕上，后来的人听说了，口袋里就揣着条手绢，别到时将鼻涕擤到椅背上。

头一部电影火成这样，赚钱是小菜了，老实巴交的桑弧将银行里大

班的工作也辞了，一心一意拍电影，与张爱玲趁热打铁连拍了《太太万岁》《哀乐中年》，都是俗到家的市民故事，被俗到家的市民喜欢看，一男一女一而再再而三合作，不擦出点火花似乎对不起小报——关于张爱玲与桑弧的绯闻不胫而走，张爱玲是知道的，也不当回事，可能还嫌煽情得不够，后来在《小团圆》里，她浓墨重彩地记了一笔——还说燕山对他进行性骚扰，并且就在公车上。燕山是谁？桑弧是也。

张爱玲的电影给人印象深刻，她淡出香港后，仍有人请她写剧本，是老上海的女歌星，叫李丽华，父母是京剧名伶李桂芳与张少泉，《三笑》一片让她红遍上海滩，和歌星周璇还是妯娌，在香港想拍电影，请张爱玲做编剧。知道张爱玲爱打扮，李丽华刻意装扮自己，短短的头发精心烫过，显得娇俏，一袭暗红色立领旗袍，胸口往上饰一朵牡丹花。她早早来到约会地点，张爱玲一如既往姗姗来迟，桌上点心碰都不碰，她婉拒了李丽华，略坐片刻然后起身告退。李丽华演过《千里送京娘》，仍旧礼貌地送她到大门口，张爱玲翩翩身影淡入暮色深处。

一直到 1956 年，张爱玲才开始为香港电懋公司写剧本，抛砖引玉似的，一口气写了十来部：《情场如战场》《人财两得》《桃花运》《六月新娘》《温柔乡》《南北一家亲》《小儿女》《南北喜相逢》等，一直到后来的《魂归离恨天》。香港与台湾的影人们一旦文思枯竭，就去淘一淘张爱玲的古井，马上便会淘出汩汩泉眼。许鞍华的《倾城之恋》与《半生缘》，关锦鹏的《红玫瑰与白玫瑰》，侯孝贤的《海上花》，李安的《色·戒》。张爱玲的电影史，光阴之间是一种惶恐，更是一种诱惑与挑战。张爱玲是冷漠的，不知有几个导演能得到她的青睐与称许，李欧梵说她是“货真价实的影迷”，曾与炎樱冒着枪林弹雨去看电影，战火中的工事间死尸旁，掠过两个锦衣女生的背影，这就好比是电影，只有电影中才会出现惊人的一幕。

我只是有点奇怪，张爱玲的古井一淘多少年，从来不曾淘空，所以李碧华说：“古井无波，越淘越有。”

她特有的一种甜味：像樱桃或草莓

张爱玲晚年回忆说："1947 年我初次编电影剧本，片名叫《不了情》，当时最红的男星刘琼与东山再起的陈燕燕主演。陈燕燕退隐多年，面貌仍旧年轻，加上她特有的一种甜味……"

老上海女星陈燕燕身上确实有一种甜味

张爱玲一向对自己老年人口胃有点自嘲，老年的口味就是喜欢一切软的烂的甜的食物，偏甜的口味转移到明星身上，比如陈燕燕，她就喜欢她身上"特有的一种甜味"。那时候陈燕燕偏胖，当然是息影多年造成的，在片中她只好尽可能穿大衣，一件黑呢子大衣总是穿着，好在故事发生在冬天，家里又没有火炉，所以穿呢大衣的理由也很充足。但是片子从头到尾一件呢大衣，壳子一样套在陈燕燕身上，又不能脱，一脱就露出胖乎乎的身腰，不要说观众看得心烦，张爱玲也直叹气。气人的是，一部片子拍到后来，可能因为累的，人倒变瘦了，苗条了，可以脱大衣了，而片子也拍完了。

陈燕燕原名陈茜茜，出身清末旗人食家，那时她才 16 岁，16 岁的女生身上有一种清新与甜味，像樱桃或草莓。被星探发现要她演电影，家里不同意，架不住星探的再三游说，母亲只得同意，但让她更改姓名，陈茜茜便改名陈燕燕，因为长相甜美娇小可爱，一部《南国之春》让她走红，大家都记住了这个有点甜的小姑娘。当年张爱玲最喜爱一位女演员叫谈瑛，她的神秘一直为观众津津乐道，张爱玲是她的忠实影迷，为了看她的新片，放弃西湖之游吵死吵活要回上海。谈瑛被称为“黑眼圈女郎”，“黑眼圈”是谈瑛独创的妆容，将眼睛外围涂上重重叠叠眼影，本来不大的眼睛马上变得神采奕奕。她喜欢将眼角的眼影往上涂，眼睛更显得灵动妩媚。当年的《时代电影》有一篇文章这样描写谈瑛化妆：“烫了发纹，时常增加她脸部的线条——颈和肩膀也不是平线，带着东方味的半削肩，肩膀更会向上耸动接近卷发，全脸的精神，会聚在眉毛的伸缩处，我们看见她发怒时候的圆眼，我们看见她媚笑时候的迷眼，而这圆眼和迷眼上边像两条船覆着的眉特别紧张。”谈瑛不化妆，笑容里有“她特有的一种甜味”——甜味也许并不属于哪一位，微笑的女明星都有，比如林黛。

林黛的处女作是沈从文的电影《翠翠》，一身蓝印花土布，粗黑发亮的麻花辫，纯净的微笑在脸上宛若缓缓开放的花蕾，带有一种甜味。张爱玲看过林黛很多电影，不止一次夸她，就像当年喜爱谈瑛一样，她很喜欢林黛。林黛的处女作是《翠翠》，边城中那个淳朴的翠翠就是为清纯的林黛而写，林黛身上的甜味与翠翠完全一致。林黛父亲是程思远，从前执掌李宗仁、白崇禧机要的桂系文人，林黛从小跟着他到处游走，她说：“在我未满十四岁的少女生涯中，足迹已遍中国大陆的任何角落，心坎里体验了无数悲欢离合酸甜苦辣的现实生活，生活在这伟大时代的艰苦环境里，单是我自己的生活圈就包含了不知多少的戏剧成分。”由于自小对社会底层多有接触，

林黛在根据沈从文小说《边城》改编的电影《翠翠》中饰演翠翠

林黛将“那个梳着两根大辫子、天真活泼的摇船姑娘”演得惟妙惟肖。林黛红了以后被人称为“钻石翠翠”，后来成为亚洲影后，下嫁有“云南王”之称的龙云将军第五子龙绳勋。在香港的日子，张爱玲想为林黛写一部电影，写了撕，撕了写，写了几稿仍不满意，那么喜爱林黛，可不能亏了她，用现在的话说，就是量身定做吧。后来到美国任出版公司编辑，心里仍然放不下林黛，也许是受到赖雅影响。赖雅本来就是好莱坞的电影编剧，老浪子玩电影一直玩到老，两个人谈起电影一拍即合，张爱玲在这种情境下又提笔重写《情场如战场》，很快完成马上寄到香港，附信说：“这个戏无论如何要由林黛来演，因为女主角外形与个性全以林黛为对象来创作的。”林黛看完剧本也很喜欢，当时的她正由红到紫，而张爱玲则从紫到黑。1964 年，林黛 30 岁，30 岁的林黛出人意料地步了阮玲玉的后尘，像一朵花开到荼靡，颓然凋谢。

林黛的老照片很多书中还可以看到，张爱玲的电影其实很琼瑶，很多女主角都有一种甜味，从吴倩莲到林青霞再到汤唯，都是清甜的邻家妹——苦的可能只是林黛，隔着半个世纪的风尘来看她，身上“特有的一种甜味”就有一丝苦味，让人不忍回味。

最凉薄的记忆：风尘中一朵朵海上花

张爱玲喜爱的女明星林黛红到极点最终以自杀收场，许多女明星都是这样殊途同归，风尘风月中，一朵朵海上花随波逐流随风而逝。

老上海女明星上官云珠

在老上海繁星满天的女星中，上官云珠是其中的一位，张爱玲与她相识源自她的电影《太太万岁》。那是 1947 年，上官云珠与石挥配合得天衣无缝，两个人都是老戏骨，一个风骚妖艳，一个自私虚伪。石挥是位非常帅气的男演员，被称为中国的马龙·白兰度，《太太万岁》是他的巅峰之作，他是多面手，从小乞丐到穷教员，没有他不能胜任的角色，这一点也如同上官云珠，在随后的电影《一江春水向东流》中，上官云珠饰演的是珠光宝气的汉奸夫人何文艳，在《希望在人间》中，她又化身为坚定沉着的教授夫人，到了《乌鸦与麻雀》，她又成了忍辱负重的华太太。上官云珠红遍上海，很多老影人还记得她当初到剧组的样子：穿一身裁剪考究的乔其纱镶细边的长旗袍、绣花鞋，梳得乌黑光亮的发髻上斜插几朵雪白的茉莉花，手持一把檀香扇，扎过眼的耳垂上嵌着小小的红宝石。

沧海明月珠有泪，1968 年深秋，上官云珠走到了人生的尽头，面对无休无止的批判与交代，她又步了林黛后尘——上海高安路菜市场转角那个破旧的窗口，伸手不见五指的深夜，她飘了下来，像一片落叶。

和上官云珠一样苍凉的还有梅艳芳，这个有时贤淑有时妖巫的女星有着双重性格，一静一动、一娴一癫，不知道哪一个才是她？也许张爱玲的曼璐才是她——性感与感性、情色与色情，许鞍华选她选对了，只有她才能扮演曼璐，美艳的曼璐、毒辣的曼璐，毒辣而美艳，与张国荣是天合之作，一样的如花美貌，一样的伤感气质，如果在生活中也能配成一对，那该是举世无双的绝配。可他们却同时华丽转身，迎风或背风，是两个不同的方向。许鞍华的《半生缘》每一角色都选得好，黎明的世钧、吴倩莲的曼贞、葛优的祝鸿才，当然最好的仍是梅艳芳——梅艳芬芳，一生的痴情，都在半生缘里，只有半生的缘分，她的歌词都是她命运的谶言：

斜阳无限 无奈只一息间灿烂，
随云霞渐散 逝去的光彩不复还，
……
奔波中心灰意淡，
路上纷扰波折再一弯，
一天想 想到归去但已晚

人在江湖身不由己，但既入江湖，一生一世便是江湖中人，纵然心生倦意，又如何能从容归去？前世的故人，今世的流年，浮云的名利，刹那的光环，最后都融入无限夕阳的晚照中，这是梅艳芳1989年的名曲《夕阳之歌》。13年后，梅艳芳零落成泥，张国荣香销玉殒，一个绝症，一个坠楼，在西天的夕阳下，比她早走了几个月的哥哥正在等她——天国的风花雪月，梅姑与哥哥像倒墓化蝶的梁与祝。

一朵朵海上花就这样在风尘风月中飘然而逝，包括《滚滚红尘》的编剧三毛，她写张爱玲实在不奇怪，她自己就是另一个才气冲天的张爱玲，闭门不出，拒人于千里，喜欢胡子花白的老男人，她要满足的不是身体而是心灵，荒芜的心灵需要苍凉沧桑的抚摸与蹂躏——和张爱玲一样，她从小就是个天才，孤僻的她无法与人交往，早早退学将自己关于漆黑的屋子里，美满的婚姻不可能属于这样的女人，远走撒哈拉，在一把黄沙中寻觅心灵的故乡，越是荒凉荒残的地方越是她神往之地，《滚滚红尘》是写她自己，所以她将张爱玲改名为沈韶华，开头拿碎玻璃自杀的镜头来自于自己的亲身体验，虽然最后是以丝袜吊颈，方法不同结局一致，就是要让肉体消失于万丈红尘。《滚滚红尘》这个名字实在是好，张爱玲、胡兰成背后就有一片滚滚红尘，滚滚红尘就是张爱玲的“浮花浪蕊”，模糊的光影，破碎的山河，情欲之男女，逃亡之人群，知道明日天涯永隔，却仍要偷取这片刻之欢。

漆黑的海面上漂浮着一朵朵海上花——是那个时代最凉薄的记忆。

惊鸿一瞥：作为姊妹的上海与香港

桑弧与张爱玲合作电影《不了情》时，正是老上海风情万种的花季，无数女明星像野草闲花，无数制片公司也如雨后春笋遍布上海各处花园洋房，张爱玲身着老祖母的夹被服翩翩淡入光影深处，那是老上海惊鸿的一瞥、华丽的回眸。

《不了情》也开始了张爱玲的电影“不了情”，老上海或老香港那些前尘往事在她笔下如风吹荇草汇集于一汪池塘——《金锁记》的忧郁、《半生缘》的哀怨、《倾城之恋》的缠绵，让香江之滨、浦江之畔无数先生小姐迷醉如痴。她的小说被称为“纸上电影”，黑白文字重现于光影声色，迷醉如痴之外还有纸醉金迷。这时候张爱玲又自信满满地说：“电影媒体能给我发挥空间，到底不似散文小说。”也许她说的是对的，文学是小众的，讲究鲜明个性；影视是大众的通俗的，井水可以不犯河水，大路朝天可以各走一边——她是灵幻的女人，长年生活在梦境之下，作为对庸俗现实的抗拒与叛逃，编剧这一职业正适合她天马行空的想象，她将生活剪辑得支离破碎，然后再粘贴组合——她着迷于这样的工作，也沉醉于电影带给她的片刻麻痹。在香港，她曾冒着炮火进城去看电影——这样的时候会有电影放映吗？我怀疑，也许她在行进路上看到的就是电影一幕。那时候香港是个比较荒凉的海边小城，人不多，工作也难找，远比不上上海。上海是个发育成熟魅力四射的姐姐，优雅的性感的妩媚的姐姐，在黑暗的中国放射出青春之光。而香港呢，她是瘦小的尚未发育的黄毛丫头，张爱玲自小就在上海香港两头跑，她明显偏爱上海，上海在她眼里美轮美奂："上海人是传统的中国人加上近代高压生活的磨炼，新旧文化的各种畸形产物的交流，结果也许不甚健康，但是这里有一种奇异的智慧。"甚至夸上海人"个个肥白如瓠，像代乳粉的广告"。所以她的笔对准上海，后来的电影镜头也对准上海，对准上海滩上那些如花似玉或花团锦簇的女明星，她们如鸳鸯蝴蝶般群飞而起，给正处于花样年华的上海锦上添花。张爱玲的电影全拍摄于这一时期，当然也不仅仅是张爱玲的，那些老电影《乌鸦与麻雀》《马路天使》《野草闲花》——那些老明星周璇、胡蝶、顾兰君或陈云裳，如灿烂星光照亮夜上海天空。

某一天，由于众所周知的原因，这片夜空突然消失了一天星光，大批大批文化人如秋风扫落叶，漂洋过海一路往下，会集于那个小小的叫香港的港湾，叫香港的小妹妹一下子眼睛亮了，胸脯挺了，丰满了也漂亮了，真是女大十八变。再回首上海那个姐姐，她开始变得有些暗淡、憔悴，容颜苍老。显然，这里不再适合张爱玲居住，在"天空出彩霞呀，地上开红花"的革命歌曲声中，张爱玲黯然去了香港，她重新捡起笔再续电影之梦，在上海的姊妹之城——香港，她写出一部又一部电影：《人财两得》《六月新娘》《温柔乡》《桃花劫》等等，她的笔几乎停不住，在这个与上海纽襻相连的城市，这个与上海唇齿相依的城市，她分别都住过许多年，留下太多的芳踪与眼泪。是上海的暗淡才有了香港的明媚，是上海的消瘦才有了香港的华美，也可以这样说，是上海成就了香港，是上海给了香港千载难逢的机遇。这两个城市有太多的共通与认同，所以张爱玲的气脉很容易在这里找到沟通，所以香港或台北的影人拍了一部又一部张爱玲：《倾城之恋》《半生缘》《红玫瑰与白玫瑰》《海上花》——是韩邦庆的"海上花"，也是张爱玲的"海上花"，包括《海上花》

中香港台北的那些女明星，刘嘉玲或李嘉欣，缪骞人或吴倩莲，都像张爱玲一样来自大陆，或者说全都是来自上海的深宅大院，她们演完了《海上花》，一个个就变成海上花，华美、妖艳、绮丽、绝色，风华绝代国色天香。

香港与上海，就好比张爱玲与炎樱，就好比张爱玲与苏青，离也离不得的，离了心也要在一起的——她是张爱玲心头两朵花，姊妹花。

翩翩降下万丈红尘：天上掉下个林妹妹

林青霞在琼瑶片《窗外》出现时，华语圈影迷们的眼睛都点亮了，他们看到光影中一位仙女飘飘荡荡降下凡尘——天上掉下一个林妹妹。

那是1973年，琼瑶的《窗外》招考女主角，招了半年都没招到导演心目中纯情的江雁容。那天导演和一个场记在台北西门町喝茶，槟榔飘摇的林荫道上，走来了一个赤足小姑娘，她有鞋子不穿，却将鞋子提在手里，赤足走过阳光下的青草地，赤足与草地接触的一刹那，一脸惊喜与调皮。草地上阳光的女孩那么美好，那么纯真，导演看呆了，江雁容就是她，就该是她。他马上跑出去，笑着问她："你叫什么名字？你愿意演电影吗？"女孩说："我姓林，我叫林青霞。"

天上掉下一个林妹妹，林妹妹从《窗外》到《云飘飘》，像春风野火一样红起来。那时候我们在大陆不知道，看了三毛编剧的《滚滚红尘》才看到她。当然，这之前在报刊上对她略知一二，电影却是第一部。我是冲着张爱玲来的，尽管电影里张爱玲的名字叫沈韶华，但我知道她就是张爱玲，那个用紫红窗帘包裹着身子站在男人脚背上跳舞的女人就是张爱玲，林青霞就是张爱玲喜欢的那种"特有的甜味"。甜味不是张爱玲的精神内质，秦汉的胡兰成好像显胖了一点，当然在片中他叫章能才，那是1990年，三毛还在，张爱玲还在，那个时候林妹妹与秦郎郎才女貌花红热闹。20年光阴转眼即逝，林妹妹嫁作他人妇——邢门一入深似海，从此秦郎是路人，三毛和张爱玲早去了天国，电影中罗大佑的歌词一直在唱：

想是人世间的错，

或前世流传的因果，

来易来，去难去，

数十载的人世游，

分易分，聚难聚，

爱与恨的千古愁。

一流女明星出现都是这样，和张爱玲一样的上海姑娘陈冲也是如此，当年《小花》上演，一红惊天，也是天上掉下个林妹妹。当然她后来去了美国，小花摇身一变成了包租婆，许多人跳脚骂啊，恨不得扑上前打她几耳光。但是有什么不可以？包租婆也是女人，陈冲只是用她的身体在思考，她是演员，演戏是她的职业，这有什么不可以？我更喜欢她在《红玫瑰与白玫瑰》中的表演，上海女人演上海女人，滋味是那么地道，就像上海城隍庙的南翔小笼与绿波廊的拉糕与汤团，都是正宗的上海滋味。她很妩媚，蓬松的头发与顾盼的眼风很性感，女人到了一定的年龄都很性感，让男人怦然心动，哪里有一点不太听话，蠢蠢欲动，会联想到床幔与床帏、沉迷与沦陷，身体的沉陷在一片欲望的泥沼。这是我最酷爱的一部张爱玲电影，看它时是在一个农业小镇，在朋友家新做的水泥楼房上，是从外地带来的盗版碟，尤其喜欢陈冲与赵文瑄做爱的那个场面——我是不是有点无耻？艺术化的情欲淹没在两个性感男女的欲望之河，不是陈冲与赵文瑄，应该是张爱玲的振保与娇蕊。坐在振保身体上的王太太在肉体的颠簸中自摸，密密的遮阳帘子漏下的光线切割成条形码一样，条形光线笼罩着这一对男女。娇蕊是红玫瑰，陈冲丰腴的身体也一如盛开的玫瑰。叶玉卿是白玫瑰，她是艳星出身，但是她的白玫瑰只是坐在马桶上的萧条枯萎。杜可风任艺术设计，他的交织着完美光感的镜头，有若深秋草木，极尽绚烂精巧之能事。当然离不开小虫，他的“玫瑰香”组曲一唱三叹，包括导演关锦鹏，他的上海男人细腻玲珑的手笔前所未有地拓展了张爱玲笔下的上海风物，还原了张迷们对于旧上海的印象。

旧上海的印象肯定少不了张爱玲，她当年穿一身素淡旗袍低眉低调地出现在画锦里的《紫罗兰》编辑部，她的腋下夹着个用报纸包着的稿子，是一篇小说手稿，工工整整誊抄在朵云轩稿纸上。不久，《紫罗兰》杂志的周瘦鹃就发表了这篇小说，名叫《沉香屑·第一炉香》，袅袅沉香中，身着旗袍的张爱玲登上海上文坛，又一个林妹妹翩翩降下万丈红尘。

天生丽质难自弃：野火花红得不可收拾

张爱玲在小说中写一种烂漫的红花，这样形容：“野火花红得不可收拾。”这样的形容词用在汤唯身上十分贴切，汤唯自出演李安的电影《色·戒》之后，就像野火花一样红得不可收拾。

李安的《色·戒》，其实就是张爱玲的《色戒》，汤唯演了王佳芝之后就像张爱玲笔下的“白莲子似的月亮”，很快升上高高的夜空，海上生明月，汤唯又仿佛一轮明月。如花似玉的女演员那么多，但你很少能看到像汤唯这样的天生丽质。白居易这样说：“天生丽质难自弃，一朝选在君王侧。”这是赞美杨贵妃的。汤唯没有选到君王之侧，她被李安慧眼发现，出演上海女生王佳芝。王佳芝这个女生不一般，张爱玲写这篇小说，从上海一路写到美国，翻来覆去地改，可见上海女人对上海女人的偏爱。

王佳芝是上海人，她在生活中的原型叫郑苹如，《色戒》应该算是纪实小说，郑苹如生活的万宜坊我亲自踏访过，那里至今仍是一派老上海风情。19岁的郑苹如风姿绰约家境富有，是上海滩著名的美人，做过当时全国最为畅销的画报《良友》封面女郎。抗日战争后，重庆国民党当局命令郑苹如不惜一切代价干掉汪伪特务头子丁默村。丁默村曾是郑苹如读中学时的校长，有师生之谊，她很容易接近了丁默村，并成功将他勾引上床——这是一个情色艳遇，还有潜伏与暗杀。可是，王佳芝爱上了老易，也就是郑苹如爱上了丁默村，也就是汤唯爱上了梁朝伟。张爱玲在小说里这样写：“每次和老易在一起，都像洗了个热水澡把积郁都冲掉了。”一篇3000字的小说，写了30年，3000字30年的一个短篇，一年只写100字。李安是家庭妇男出身，吃软饭吃了6年，他拿出“抻”面条的功夫来做《色·戒》剧本。王佳芝的故事很电影，这个女生天生生活在舞台上，这一点简直就是汤唯，她的人生高潮发生在老上海背景下，让一个宏大叙事饱满充实——故事也有了高潮，一如做爱，梁朝伟与汤唯的做爱。张爱玲的魅力太强，也可能说老上海魅力太强。张迷们口味挑剔，电影人一向这样说，“张爱玲碰不得”。李安却成功拿下张爱玲，不是因为胆大，而是因为懂得——他在台湾旧式家庭长大、常常跪拜在家父面前行大礼，一个旧式男人，一个典型的中国式男人，对张爱玲的懂得不如说对中国文化的懂得，他只拿了张爱玲的皮毛，他用张的台词与情景来讲自己的意思——王佳芝最后时刻放了老易，这个却是张爱玲的，张爱玲说过，“人生的美丽就在那一撒手之间”，一撒手时不动脑只动心，王佳芝这样放了老易，张爱玲就这样放了胡兰成，然后她们都朝低处走去，低到尘埃里，再开出花来。

汤唯就是一朵花，张爱玲笔下的野火花，红得不可收拾的野火花，那些穿旗袍或风衣的造型，宝蓝色的旗袍或沙漠绿的风衣，光洁如玉的面庞、坚定执着的眼神，强大气场一如台风来临前的风吹草动。有一个朋友是见过汤唯的，好像就在《色·戒》的片场，后来她告诉我，当天汤唯就穿着牛仔裤白衬衫，扎着一条马尾，“下午的阳光打到她脸上，她站在一棵开花的树下仰起脸，微微眯起眼睛，我当时心里想，真漂亮啊，说不出来的感觉，她身上有一种很干净的味道，很正气，也很爽气”。我喜欢她的一瞬间，当然是在《色·戒》电影里，她以买珠宝之名将老易骗到珠宝店里，那是炎樱家的珠宝店，这时候美人为情所动，突然放了老易，据说是因为爱。可是秋后老易却没有放过她——那是极其优美的一刻动情的一刻，王佳芝的宝蓝旗袍上有隐隐的暗暗的花纹，火油钻放出炫目耀眼的光芒，老易在凝神的那一刻，脸上晃过一丝温柔——这一刹那间，男人女人都是动情的，为情所惑为情所迷，他和她都不是猎手与猎物，只是两个心有灵犀的情人。

半生缘：华美的旗袍穿了又穿

在上海一家医院深处，我偶然遇到一个香港剧组在拍《半生缘》，那是一个杂草丛生的破旧院落，被改造成了张爱玲笔下的“才记洋行”，镜头涉及的地方窗明几净，不涉及的地方荒草萋萋，墙头瓦檐画满岁月的荒凉——而一身鲜艳旗袍的蒋勤勤，带着一股略显夸张的风情走过来，似乎岁月突然撕破华美的包装，让我们看到一片老上海的废墟，我当时想到一部影片——《时光倒流七十年》。

张爱玲被拍滥了，老上海也被写滥了，衡山路、福建中路一带老洋房不知多少次被拍摄。在上海，要想找到一处没被拍过的有些味道的老房子不那么容易了，就有一些影人在上海的犄角旮旯儿寻找，以期发现一些老上海碎片，然后花重金将它们修整，就像给岁月疗伤——说白了，张爱玲的电影也是给一些怀旧病患者疗伤，所以她的小说才一次又一次被改编。这一次《半生缘》改编者是年轻的编剧胡月，很多编剧都是写小说起家，小说微薄的稿费常常让他们生计无着，包括张爱玲也是如此——所以他们寄希望于在剧本上得到补充。张爱玲当年在老上海做编剧就是为了糊口，宋淇在香港做编剧时，张爱玲寄居在宋淇儿子的小房间里，忍受着寄人篱下的煎熬，眼巴巴地盼望着宋淇给她带回写剧本的合同。后来她将很多遗物及版权无偿赠送给宋淇的儿子宋以朗，可能也是作为一种报答——那一段她几乎写疯了，那些搞笑的甚至粗俗的剧本写的仍是老上海或老香港，如今看那些黑白老片子，毫无任何美感而言。老上海也好，旧香港也罢，都被人写滥了，张爱玲也翻不出新意，就如同张爱玲箱底那些散发岁月沉香的老旗袍，晒霉的时候摊出来，仍然鲜艳如新，但是，再华美的旗袍毕竟穿了一年又一年，变得陈旧乃至损坏也是不可避免。

但是仍然要穿，在没有新衣服的时候，不穿旧衣那穿什么？影人的想象力缺乏以及无数文化人周期性的怀旧毛病，使得电影人也周期性地将镜头对准张爱玲，对准老上海，他们在拍张爱玲，也是在寻找他自己，或者将张爱玲想象成他自己。无论是“尘埃里开出来的花”，还是“人生是个苍凉的手势”，宽袍大袖的张爱玲总是令人过目不忘。三毛的改编最彻底，她甚至将一些背景置换到北方，那种生死大逃亡的场面其实是三毛自己内心的荒凉，她改编张爱玲，她也被张爱玲改编，所有的生活细节全被过滤掉，让人生尽显苍凉底色。相比《半生缘》，我更喜欢 1998 年侯孝贤的《海上花》。作为吴语小说，《海上花》的作者虽然不是张爱玲，但是经过她的翻译，她从小就阅读，读得滚瓜烂熟，张爱玲的二度创作让《海上花》盖上她的印戳，其实张爱玲的小说都有《海上花》的影子。编剧朱天文是侯孝贤的御用编剧，她为了再现张爱玲笔下“灰扑扑的日常生活的况味和质地”，甚至让侯孝贤找来鸦片给演员们抽吸。朱天文是懂张爱玲的，胡兰成当年在台北曾居住在朱家，朱家姐妹很喜欢胡兰成，天天围着他转，追问张爱玲的花花草草，后来胡兰成说：“朱天文有些地方很像张爱玲，但是也有很多不同，两个人相像的地方一个是新字，一个是柔字，又一个大字，而且两人都谦虚。”而朱天文则喜欢给胡兰成做饭，每餐做好饭就隔着窗子喊：“胡爷，吃饭啦。”朱天文对胡兰成有一种难以言说的爱——学生对老师？粉丝对偶像？抑或才女对才子？女人对男人？也许张爱玲谱系里的女文青都有一种泛爱倾向，包括李安的御用编剧王蕙玲。王蕙玲说，当年李安告诉我他要拍《色·戒》，要我做编剧，我当下几乎要瘫倒——张爱玲在她眼里，就是一个梦魇，从前为李安写戏，从《饮食男女》到《卧虎藏龙》，她从没有这个感觉。此前一部电视连续剧《她从海上来——张爱玲传奇》让她死里逃生，为了张爱玲，她的眼睛几乎累瞎，剧中张爱玲所说的每一句话，都是她从小说里抠出来。剧本写完，她几乎大病一场，如果再写《色·戒》，肯定是死里逃生。但是王蕙玲最后还是选择了张爱玲，带着满腹伤痛与苦楚，也因为她太爱这个女人，又疼爱又怜惜。

张爱玲是伤痛的，像一道伤口或老疤，不时地在很多人心头隐隐作痛——疼痛无法自愈，张爱玲又成了止痛片与安眠药。只是现在是21世纪的上海，21世纪的上海已不是20世纪30年代的上海，20世纪30年代的香港已不是21世纪的香港。张爱玲说过“时代是仓促的”，她那袭华美的旗袍被人穿了又穿，穿得实在太久，肯定要褴褛毕现、捉襟见肘。

电影像生活一样：只因为多看了你一眼

1956年3月，大雪覆盖着美国新罕布什尔州，麦克道威尔文艺营大厅，壁炉内火光熊熊，头发花白的作家与诗人正在享用晚餐，温暖的枝形吊灯下，微醉的人们在低低交谈。张爱玲来迟了，她像一缕烟一样无声飘入，脱下大衣与围巾，露出简单的洋装，外面罩着一件网眼小外套，一位老男人满脸通红正在饮酒，他的目光越过红酒杯落到张爱玲身上。

这是电影中的一个镜头，女主角大家都知道是张爱玲，那位饮红酒的男主角叫赖雅，好莱坞编剧，一个伤痕累累的中国女人，一个穷困潦倒的美国男人，在昏黄的光线里多看了一眼，就是这多看了的一眼，就像王菲唱的“只因为在人海中多看了你一眼”，命运之神将他们拴在一起。张爱玲说过：生活像电影一样，他们相见的一幕就是电影中的一幕。反过来说，电影也像生活一样。张爱玲和赖雅的故事后来被多次拍成影像，两个人都做过编剧，一个在上海滩，一个在好莱坞，共同的爱好让他们有了说不完的话题。在麦克道威尔文艺营那个古朴的小木屋里，外面大雪纷飞，屋内温暖如春，前尘往事让两个东西方编剧恍如置身电影。65岁的赖雅在好莱坞混迹多年，风流韵事自然不少，因为有过几次轻微中风，但是讲究衣着的他举手投足间仍然有浪子的潇洒与不羁。这一年张爱玲才36岁，每天晚上伴着外面风雪呼啸，倚在壁炉上倾听赖雅的讲述，那是她一天中最幸福的时刻，她需要他，需要这个美国老男人的陪伴——不仅仅因为心灵孤独，也因为生存所必需。刚入美国时，炎樱介绍她迁居救世军所办之女子宿舍，其实就是一处难民营，酒鬼、流浪汉、乞丐充斥其中，肮脏难以想象。她实在住怕了，她需要在美国有一处寄身之所，有一个伴侣，这个同样无家可归的浪子无疑是最佳人选。半年后，在炎樱的又一次证明下，两个流浪的人搬到一起。

晚年的张爱玲

赖雅从来没有在美国大红大紫，但也不是碌碌无为之辈，想当年青春飞扬的时刻，他在好莱坞也出过风头，德国共产党著名剧作家布莱希特是他最好的朋友。赖雅平生以助人为乐，他的创作也并非乏善可陈，作为好莱坞曾经最著名的编剧之一，他功成名就之后夜夜狂欢，纸醉金迷，甚至一呼百应，身边的女友自然也走马灯似的穿梭往来。可是世道流变，世风日下，待到他与张爱玲萍水相逢，他穷困潦倒身无分文，在麦克道威尔文艺营分手时，张爱玲悄悄往他手里塞了数目不小的美元——王蕙玲在编写《她从海上来》时，这个细节成为最感人的一幕，王蕙玲懂得张爱玲——作为编剧，他们两个都是最出色的。当年张爱玲出走海外，最惋惜的是夏衍，他对柯灵说："张爱玲是个很不错的文艺人才，如果她肯回来，还可以安排她当专业编剧。"此话后来传到张爱玲那里，她没有回应也不想回应，生活在她眼里，就如同电影一样；电影在她眼里，也如同生活一样，她要用长长长长的一生来编写一部最精彩的电影。

张爱玲年表

1920 年	出生	9 月 30 日张爱玲出生于上海麦根路（今泰兴路），原名张瑛。
1922 年	2 岁	张爱玲随父亲张廷重迁居天津英租界。
1924 年	4 岁	张爱玲开始接受私塾教育，母亲黄逸梵与姑姑张茂渊奔赴欧洲游学，张爱玲由姨奶奶看管。
1928 年	8 岁	父亲辞去职务，由天津搬回上海，母亲和姑姑也由英国返回上海。
1930 年	10 岁	入黄氏小学插班读六年级。并改名为张爱玲（改自其英文名：Eileen），同年父母协议离婚，母亲与姑姑搬出宝隆花园洋房，在法租界租房住，张爱玲随父亲生活。
1931 年	11 岁	张爱玲入读上海圣玛利亚女校。
1932 年	12 岁	母亲去往法国，张爱玲首次于圣玛利亚校刊发表短篇小说《不幸的她》。

1933 年　13 岁　张爱玲在圣玛利亚发表第一篇散文《迟暮》，并开始向父亲学写旧诗。

1934 年　14 岁　父亲再婚，后母为孙宝琦之女孙用蕃，并迁回麦根路别墅。

1936 年　16 岁　张爱玲在《凤藻》上发表散文《秋雨》。

1937 年　17 岁　张爱玲在圣玛利亚校刊《国光》半月刊发表小说《牛》《霸王别姬》及评张若谨小说《若馨评》。在《凤藻》发表《论卡通画之前途》。

1938 年　18 岁　张爱玲参加伦敦大学远东区入学考试，得第一名。

1939 年　19 岁　张爱玲与母亲、姑姑迁居静安寺路赫德路口爱丁堡公寓（今常德公寓）5 楼 51 室。因战乱持伦敦大学成绩单入读香港大学文科，认识终生挚友炎樱。

1940 年　20 岁　张爱玲的散文《我的天才梦》参加《西风》三周年纪念征文，获第十三名荣誉奖，并获学校两项奖学金。

1942 年　22 岁　张爱玲与炎樱返回上海，与姑姑居住在爱丁顿公寓 6 楼 65 室，开始了写作生涯。

1943 年	23 岁	张爱玲认识了当时月刊《紫罗兰》的主编，作家周廋鹃。5 月，张爱玲在该刊物上发表小说《沉香屑·第一炉香》，使张爱玲在上海文坛一炮打响，崭露头角。6 月，张爱玲发表续作《沉香屑·第二炉香》。7 月，张爱玲认识了评论家柯灵。此后张爱玲在《杂志》《万象》《古今》等刊物发表《茉莉香片》《到底是上海人》《心经》《倾城之恋》等一系列小说、散文。
同年		与胡兰成相识，两人一见倾心。此时胡兰成 38 岁，张爱玲 24 岁，并且胡兰成已经结婚。
1944 年	24 岁	张爱玲在《万象》刊出长篇小说《连环套》，共登 6 期，7 月自动腰斩。2 月，在《天地》刊出散文《烬余录》。后发表《花雕》《谈女人》《红玫瑰与白玫瑰》等一系列小说、散文。8 月，胡兰成与其第二任妻子离婚，并与张爱玲结婚。9 月，张爱玲的小说集《传奇》由《杂志》出版，4 天后即再版。张爱玲因此在上海文坛大放异彩。11 月，张爱玲在胡兰成创办的月刊《苦竹》第一期发表散文《谈音乐》，后继续发表小说、散文。12 月，大中剧团在卡尔登戏院（今长江戏院）上演舞台剧《倾城之恋》。
1945 年	25 岁	话剧《倾城之恋》继续上演，张爱玲的散文集《流言》由中国科学公司出版，畅销一时。后张爱

玲继续在月刊《杂志》上发表《留情》《我看苏青》等小说。8 月 15 日，日本正式投降，胡兰成开始了逃亡生活。

1946 年　26 岁　张爱玲应桑弧邀请编写电影剧本《不了情》《太太万岁》。

1947 年　27 岁　张爱玲在《大家》月刊创刊号发表小说《华丽缘》。5 月、6 月，《大家》发表小说《多少恨》（根据《不了情》剧本改写）。1947 年 6 月，张爱玲为自己和胡兰成的感情画上了句号。后张爱玲与姑姑迁居梅龙镇巷内重华新村 2 楼 11 号居住。11 月，《传奇》增订本由山河图书公司出版。

1949 年　29 岁　胡兰成从香港出逃，后转赴日本定居。

1950 年　30 岁　张爱玲以“梁京”为笔名在《亦报》上连载长篇小说《十八春》。7 月，张爱玲应夏衍邀请参加上海市第一届文代会。11 月，《十八春》由《亦报》出版社出版。1951 年 5 月，张爱玲仍以“梁京”为笔名在《亦报》上连载中篇小说《小艾》。

1952 年　32 岁　张爱玲向香港大学申请复学获得批准。7 月张爱玲持港大证明离开内地，经广州抵达香港，住于女青年会，并未再入港大复学。张爱玲开始为香港“美国新闻处”翻译《老人与海》《爱默生选集》《美国七大小说家》（部分）等书。在此期间，张爱玲一直在香港深居简出，很少与人交往。

1953 年　33 岁　张爱玲认识了宋淇、邝文美夫妇。之后，张爱玲为《今日世界》杂志用英文撰写两部长篇小说：《秧歌》《赤地之恋》。同年，父亲在上海病逝。

1954 年　34 岁　《秧歌》《赤地之恋》英文版出版，后中文版也问世。张爱玲寄《秧歌》中文版给胡适，后两人开始通信并结下了友谊。

1955 年　35 岁　张爱玲搭乘“克利夫兰总统号”游轮赴美国。租住在纽约救世军办的女子宿舍，张爱玲与炎樱重逢并同去拜访胡适。

1956 年　36 岁　张爱玲得到 Edward Marc Dowell Colony 的写作奖金，在 2 月间搬去 Colony 所在的纽英伦州。在这里，张爱玲遇见了她的第二任丈夫赖雅。1956 年 8 月，张爱玲与赖雅相识半年后结婚。张爱玲开始用英文撰写长篇小说《Prnk Tears》。

1957 年　37 岁　CBS 上映英文版电影《秧歌》。夏志清发表《张爱玲论》首次肯定张爱玲在中国小说史上的重要地位。同年，母亲在英国病逝。

1958 年　38 岁　张爱玲获加州韩廷敦哈特福基金会资助半年，在加州专门从事写作，发表小说《五四遗事》，为香港电懋电影公司编写《情场如战场》《桃花运》《人财两得》等剧本。

1960 年　40 岁　1960 年，张爱玲成为美国公民。

1961 年　41 岁　出访台湾，欲访张学良但未能如愿。后结识了台湾小说家白先勇、王文兴、陈若曦、王祯和等人。冬天，在港为电懋电影公司编写《红楼梦》《南北一家亲》等剧本。

1962 年　42 岁　张爱玲在英文《记者》杂志发表访台记事《重回前方》。

1966 年　46 岁　长篇小说《怨女》《pink Tears》（中文版）在香港《星岛日报》连载。同时改写《十八春》为《半生缘》。

1967 年　47 岁　张爱玲任纽约雷德克里芙女子学院驻校作家，并开始英译《海上花列传》。《半生缘》在香港《星岛晚报》和台北《皇冠》杂志连载。同年，赖雅去世，享年 76 岁。

1968 年　48 岁　张爱玲在台北《皇冠》发表《红楼梦未完》。

1969 年　49 岁　得陈世骧教授之识，任职加州伯克利大学“中国研究中心”，继续《红楼梦未完》之研究。

1971 年　51 岁　张爱玲接受水晶专访，两人一共谈了 7 个小时。同年，陈世骧去世，张爱玲从“中国研究中心”离职。

1972 年　52 岁　张爱玲移居洛杉矶，开始了幽居生活。

1973 年　53 岁　张爱玲在《皇冠》发表《初评红楼梦》，张爱玲的一些散文、小说也由台湾重刊。水晶记录张爱玲晚年生活和谈话内容的评论集《张爱玲的小说艺术》出版。

1974 年　54 岁　张爱玲在《中国时报》“人间”副刊发表《谈看书》与《谈看书后记》，在《皇冠》发表《二详红楼梦》，完成英译《海上花列传》（未出版，后来因为搬家遗失译稿）。

1976 年　56 岁　张爱玲出版自己的第二部散文集《张看》，同时发表《三详红楼梦》。

1977 年　57 岁　张爱玲《红楼梦》评论文集《红楼梦魇》出版。

1979 年　59 岁　张爱玲在《中国时报》“人间”副刊发表小说《色戒》。

1981 年　61 岁　《海上花注译》出版。同年 7 月 29 日，胡兰成于日本东京去世，享年 75 岁。

1983 年　63 岁　唐文标出版《张爱玲卷》，张爱玲出版《惘然记》。

1986 年　66 岁　后母孙用蕃在上海病逝。

1987 年　67 岁　《余韵》出版。

1988 年　68 岁　《续集》出版。

1991 年　71 岁　姑姑张茂渊在上海病逝。

1993 年　73 岁　张爱玲完成《对照记》。

1995 年　75 岁　9 月 8 日夜（中秋节）张爱玲在洛杉矶西木区公寓内去世，享年 75 岁。9 月 19 日，遗体在洛杉矶惠泽尔市玫瑰岗墓园火化。9 月 30 日，骨灰由林式同、张错、高全之、张绍迁、许媛翔等人携带出海，撒于太平洋。

张爱玲经典语录

1. 你如果认识从前的我，也许会原谅现在的我。

2. 人生最大的幸福，是发现自己爱的人正好也爱着自己。

3. 爱情本来并不复杂，来来去去不过三个字，不是我爱你，我恨你，便是算了吧，你好吗，对不起。

4. 彼此都有意而不说出来是爱情的最高境界，因为这个时候两人都在尽情享受媚眼，尽情地享受目光相对时的火热心理，尽情地享受手指相碰时的惊心动魄。一旦说出来，味道会淡许……

5. 对于不会说话的人，衣服是一种语言，随身带着一种袖珍戏剧。

6. 出名要趁早，来得太晚的话，快乐也不是那么痛快。

7. 生命是一袭华美的袍，爬满了虱子。

8. 最可厌的人，如果你细加研究，结果总发现他不过是个可怜人。

9. 生命有它的图案，我们唯有临摹。

10. 生活的戏剧化是不健康的。像我们这样生长在都市文化中的人，总是先看见海的图画，再看见海；先读到爱情小说，后知道爱。

11. 美的东西不一定伟大，伟大的东西总是美的。

12. 个人即使等得及，时代是仓促的，已经在破坏中，还有更大的破坏要来。

13. 对于大多数女人，爱的意思，就是被爱。

14. 长的是磨难，短的是人生。

15. 细节往往是和美畅快，引人入胜了，而主题永远悲观。

16. 能够爱一个人爱到问他拿零用钱的程度，那是严格的实验。

17. 人生的所谓生趣，全在那些不相干的事。

18. 做人做了个女人，就得做个规矩的女人，规矩的女人偶尔放肆一点，便有寻常的坏女人梦想不到的好处可得。

19. 有两种女人很可爱，一种是妈妈型的，很体贴，很会照顾人，会把男人照顾得非常周到。和这样的女人在一起，会感觉到强烈的被爱。还有一种是妹妹型的。很胆小，很害羞，非常的依赖男人，和这样的女人在一起，会激发自己男人的个性的显现。比如打老鼠扛重物什么的。会常常想到去保护自己的小女人。还有一种女人既不知道关心体贴人，又从不向男人低头示弱，这样的女人最让男人无可奈何。

20. 听到一些事，明明不相干的，也会在心中拐几个弯想到你。

21. 这点爱别的不够，结婚时够了。

22. 牵手是一个很伤感的过程，因为牵手过后是放手！

23. 爱情和人品没多大关系，从前有个女同事跟我说她喜欢射雕里的杨康，不喜欢郭靖，我很惊奇，爱坏恨好？后来想想，也没什么，杨康认贼做父，卖国求荣是不对。可他对爱情却很执着，这样的人为什么不能享有爱？现实生活中也有这样的例子，古惑仔也有古惑仔的爱情。

24. 生在这世上，没有一样感情不是千疮百孔的。人生在世上，还不就是那么一回事，归根到底，什么是真，什么是假？

25. 男人彻底懂得一个女人之后，是不会爱她的。

26. 你死了，我的故事就结束了，而我死了，你的故事还长得很。

27. 笑，全世界便与你同声笑，哭，你便独自哭。

28. 没有一个女子是因为她的灵魂美丽而被爱的。

29. 如果情感和岁月也能被轻轻撕碎，扔到海中，那么，我愿意从此就在海底沉默。你的言语，我爱听，却不懂得，我的沉默，你愿见，却不明白。

30. 酒在肚子里，事在心里，中间总好像隔着一层，无论喝多少酒，都淹不到心里去。

31. 我爱你，关你什么事？千怪万怪也怪不到你身上去。

32. 可惜现实生活中的爱情并不是那么的对等。当你爱的更多，付出更多的时候，你自己都会发觉自己的卑微！

33. 要做一件事，总能找到时间和理由；不要做一件事，总能找到借口。

34. 女人一旦爱上一个男人，如赐予女人的一杯毒酒，心甘情愿的以一种最美的姿势一饮而尽，一切的心都交了出去，生死度外！

35. 感情这东西很难处理的，不能往冰箱里一搁，就以为它可以保存若干时日，不会变质了。

36. 一个知己就像一面镜子，反映出我们天性中最优美的一部分。

37. 太剧烈的快乐与太剧烈的悲哀是有相同之点的——同样地需要远离人群！

The end